教室でできる
特別支援教育のアイデア
中学校・高等学校編

月森久江 編集

図書文化

まえがき

編者　月森　久江

　平成19年度に特別支援教育が全国へ発信され，5年目となりました。いまでは「LD，ADHD，高機能自閉症」という障害名や，「発達障害」という言葉を聞いたことがない，という教師はいないと思います。しかし，いまだに「特別支援教育とは，障害がある生徒に対応するもの」「診断を受けていなければ，支援は受けられない」「特別な生徒は，特別支援学級へ移籍するべきだ」という話を耳にして驚くことがあります。

　いっぽう，思春期という特有の時期に，発達障害がある生徒たちへどう指導してよいかわからないという，中学・高等学校での教師の苦悩も多々聞かれるようになりました。生徒たちは，それまでのあまりにも長い年月，通常の生徒と同じ学習レベルになるように，同じ行動をとるようにと教えられてきたため，二重三重の鎧を着て本心を隠し，他の生徒と同じように振る舞おうとします。そのことが，ますます指導を困難にしている現状に，私は心が痛みます。

　そこでこのたび，このような現状に少しでも役立つ本をと考え，2006年に出版した『教室でできる特別支援教育のアイデア　中学校編』の続編として，広く高等学校向けにも支援の内容を広げて本書を刊行しました。

　本書では，それぞれの研究分野において第一線でご活躍の先生方に多大なご協力をいただき，学校現場に即し，なおかつ明日からの指導に役立つ内容を，ご執筆いただきました。また，すべての章に解説を設け，それぞれの領域について，読者により理解を深めていただけるように構成しました。全体は，大きくは下記の三部構成となっています。

　　第1章　障害種別として，LD，ADHD，PDDへの対応と指導法
　　第2章　個別のニーズに応じた指導として，小集団指導と個別指導内容
　　第3章　さまざまな対応と，アメリカでの指導法や通級指導教室での専門的指導内容，
　　　　　　保護者支援や連携と対応について

　本書を大いにご活用いただくことで，今後は「特別支援教育」という言葉が使われなくなり，全国どこの地でもあたりまえに，個別のニーズに応じた教育や対応がなされるようになることを願ってやみません。

　最後に，他に類をみない本書の制作にご協力いただきましたご執筆者の先生方に，心より感謝を申し上げます。また，多くの時間を要した本書の編集にご尽力いただいた図書文化社の渡辺佐恵さんにあつくお礼申し上げます。

目次 教室でできる特別支援教育のアイデア 中学校・高等学校編

- 第1章 障害種別による支援のアイデア 9
- 第2章 小集団指導・個別指導のアイデア 75
- 第3章 さまざまな場面での支援のアイデア 147

まえがき　2

第1章　障害種別による支援のアイデア

1　LDへの支援 ──────10
●思春期のLDの支援　10

[読む]
読み方がたどたどしい　12
　読みの手がかりとなる記号を書き込む
　内容を理解してから読む
読んだ内容が理解できない　14
　抽象的な単語の意味理解を促すカードゲーム
　語と語の関係の読み取りを促すカードゲーム

漢字が読めない，語彙が少ない　16
　熟語を使ったカードゲーム
　会話に使って熟語の達人
古典に興味がもてない　18
　現代語訳で古典を身近にする
　グループ学習で意欲を高める

[書く]
漢字が書けない　20
　言葉を手がかりとした指導
　　（聴覚記憶が良好な場合）
　形を手がかりとした指導
　　（聴覚記憶が弱い場合）
　漢字単語を使った作文ゲーム
　「はらい」「とめ」などの一画一画を書く力を養う

黒板を写せない　24
　板書の工夫
作文や自己アピール文がうまく書けない　25
　自分の言葉でまとめよう

[数学]
式と計算　26
　計算まちがい探しゲーム
　計算ミスをふせぐ工夫
図形　28
　作図の指示出しゲーム―人に説明しよう―
　位置関係キーワード

文章題　30
　文章題と式のマッチング
　立式ワークシートの活用
高校の数学　32
　公式カード作り
　自分で確かめてみよう

目次　第1章　障害種別による支援のアイデア

[英語]

アルファベットが覚えられない 34
　クッキーでアルファベットを作って食べよう
　体を使って文字をつくり言葉で説明しよう

発音と文字が一致しない 36
　粘土でアルファベットを作り，基本の母音・子音を覚える
　フラッシュカードを使って残りの音素を覚える

単語やつづりが覚えられない 38
　1モーラの単語から覚える
　単語帳の工夫

聞く力・話す力をつける 40
　耳から文章を丸暗記する
　　（聴覚処理が優位な場合）
　語彙力と文法力で聞く力の土台をつくる
　　（視覚処理が優位な場合）

読む力・書く力をつける 42
　読む力・書く力に焦点化して強化する
　　（視覚処理が優位な場合）
　耳で覚えてから，読み書きのスキルをつける
　　（聴覚処理が優位な場合）

2　ADHDへの支援 ——44
●思春期のADHDの支援　44

他者理解・自己理解が苦手 46
　ALL ABOUT ME

人の話を聞くのが苦手 47
　「ちょこっとチャット」ゲーム

感情がコントロールできなくなる 48
　フローチャートを作ろう

目標がもてずやる気が出ない 49
　「やりたくない仕事」から考えよう

興奮を抑えることができない 50
　気持ちのコントロール方法を考える

叱られることに過剰に反応する 51
　生徒の気持ちに合わせた注意を考える

友達ができにくい 52
　友達と仲よくする4箇条

環境の影響を受けやすい 53
　落ち着いた環境を用意する

興奮すると暴言・暴力が出現する 54
　落ち着いてから「どうしたらよかったか」を話し合う
　暴言・暴力の前の段階で解決を図る

必要なこと・ものを忘れてしまう 56
　忘れない・なくさない工夫

スケジュールの実行が苦手 57
　スケジュールを忘れない工夫

聞いたこと・見たことをすぐ忘れてしまう 58
　作動記憶を強化するゲーム

同時に2つのことができない 59
　ふれあい囲碁7

セルフエスティームが低い 60
　人のためになにかをやろう！（個人でのプチ貢献）
　人のためになにかをやろう！（グループでの貢献）

3　PDDへの支援 ——62
●思春期のPDDの支援　62

語彙が少ない 64
　日常生活の中から学ぶ
　形容詞や接続詞で会話をふくらませる

話し言葉で文法的な誤りがある 66
　立場変わると？「あなた」と「私」
　助詞や助動詞を正しく使おう

気持ちの切り替えが苦手 68
　自分にあった切り替え方を知ろう！

不安が強い 69
　安心できる行事への取り組み方

人間関係が上手にできない 70
　声をかけるタイミングをつかもう

コミュニケーションが上手にできない 71
　学校生活のとっさの一言

友人とのトラブルがある 72
　トラブル回避の方法や考え方を探そう

軽度のフラッシュバックへの対応 73
　心の傷を深めない

第2章 小集団指導・個別指導のアイデア

1 アンガーマネージメント ―― 76
●アンガーマネージメントとは 76

自分の状態を知る 78
　気持ちのモニター
　感情を言語化させていく
認知を変える 80
　考え方のメリット・デメリットに気づく
　結果を予測して考え方を変える練習をする

自分の特性を生かす 82
　人との違いを理解する
　サポートブックやIT機器の活用
キレてしまった場合の対応 84
　安全の確保とクールダウン
　挑発に乗らず行動を翻訳する

2 ストレスマネージメント ―― 86
●ストレスマネージメントとは 86

気持ちを抑え込むタイプの生徒 88
　心と身体のリラクセーション
　さまざまな表現方法を知る
現実逃避をするタイプの生徒 90
　考え方を変えてみよう

代用ですませるタイプの生徒 91
　出来事と気持ちを整理する
人のせいにするタイプの生徒 92
　複数の可能性を考える
自傷行為に走るタイプの生徒 93
　行動分析で予防と対応策を考える

3 解決志向ブリーフセラピー ―― 94
●解決志向ブリーフセラピーとは 94

例外探し 96
　いつでもそうなの？
　全員そうなの？
外在化 98
　怒りのスイッチを押すのはだれ？

成功の責任追及 99
　あなたの中のどんな力がそうさせたの？
スケーリングクエスチョン 100
　小さなメモリを入れましょう！
　いまより1点，上げるとしたら？

4 ソーシャルスキルトレーニング ―― 102
●ソーシャルスキルトレーニングとは 102

ソーシャルスキルを知る 104
　ソーシャルスキルの自己チェック
　ソーシャルスキル自己チェックリスト
気持ちを伝える 106
　にっこり笑顔メッセージ
　感謝を上手に伝えよう
状況に応じて判断する 108
　空気を読むってこういうこと

　意外と大事なホウレンソウ
隠れたルールを理解する 110
　学校生活のルールを具体化する
　隠れたルールカルタ
人との距離感を保つ 112
　人間関係マップを作ろう
　ゲームの中で教え合おう

5　ビジョントレーニング ――114
●ビジョントレーニングとは　114

読むことが苦手　116
　追従性眼球運動のチェックとトレーニング
書き写したり探したりすることが苦手　117
　跳躍性眼球運動のチェックとトレーニング
ものが2つに見える　118
　両眼のチームワークのチェックとトレーニング
文字の形・図形認識が苦手　119
　手を動かして形を作る

視機能に問題のある生徒への環境調整　120
　一人一人に合った支援をみつける
　みんなでできる眼の体操
体を動かすことが苦手　122
　体を動かしながらの眼球運動トレーニング
　体の部分を意識するトレーニング

6　中学生の進路指導 ――124
●発達障害のある中学生への進路指導　124

進路に見通しをもつために　126
　2年生からの準備①
　　―中学卒業後のコースを知る―
　2年生からの準備②
　　―勉強の仕方を身につける―
　さまざまな進路と入試方法を知ろう
　「上級学校選びのポイント」と「学校訪問カード」

高校入試へ向けての学習計画　130
　受験勉強の取り組み方
　やる気を高める学習計画
高校入試の面接練習　132
　面接に向けての準備
　日頃から練習しよう

7　高校生の進路指導 ――134
●発達障害のある高校生への進路指導　134

自己理解を深める　136
　「自己理解シート」や「気づきシート」の利用
　PATHを用いたグループワーク
就職先についての情報収集　138
　求人票からの情報収集
　卒業生の話と会社見学での情報収集
就職活動に向けての準備　140
　スケジュール表で見通しをもたせる
　就職活動準備に向けたアイデア

専門学校や大学への進路の導き方　142
　本人の特性やタイプに合わせた指導
　入試方法と上級学校の情報整理
進学・受験に向けての準備　144
　志望校についての情報収集
　将来の就職までビジョンをもたせる

第3章 さまざまな場面での支援のアイデア

1　教室での配慮と支援 ——————148
●学校生活に必要な配慮と支援　148

学校生活に必要な配慮　150
　本人にチョイスを与える
　課題や提出方法にバリエーションをもたせる

授業やテストに必要な配慮　152
　キューイングで注意を喚起する
　テストのときに必要な配慮

校内支援体制づくりと周囲への啓発　154
　本人と支援者による問題解決型チームミーティング
　三つのサポートから特別支援教育を考える

アメリカに学ぶ配慮や支援方法　156
　学校ＷＥＢやメールの活用
　補助テクノロジーの活用

2　通級指導教室での支援 ——————158
●通級指導教室での指導とは　158

一人一人に合った指導目標の設定　160
　目標設定のための情報収集
　情報処理の特徴を生かす

自信をもたせる課題設定　162
　本人が取り組みたいことや興味があることを，各教科に組み入れる
　座学以外の工夫
　苦手を自信につなげる工夫

グループで行う学習　165
　見方や考え方を広げる問題
　リズムに合わせてみんなで動く練習
　グループワークで協力し合う

不登校・学校不適応への対応　168
　効果のあった指導方法に学ぶ
　公的機関・専門機関・支援センターなどの活用

3　ペアレントトレーニング ——————170
●ペアレントトレーニングに学ぶ保護者支援のヒント　170

家庭でしてほしい行動を増やす　172
　親自身の工夫と努力をみつける
　子どもの成長をほめるためのヒントを探す

家庭でしてほしくない行動を減らす　174
　「無視」と「ほめる」を組み合わせる
　約束を守らなかったときは子どもに責任をとらせる

学校と家庭の連携のつくり方　176
　保護者と子どもの問題を共有する
　学校の取組みと家庭との連携

目次　第3章　さまざまな場面での支援のアイデア

4　保護者との連携と対応 ―――― 178
●保護者との対応について　178

保護者との面談　180
　落ち着いて話せるように配慮する
　面談の三つのプロセス

専門機関との連携　182
　専門機関との連携までの手順
　有効な情報を集めておく

保護者との接し方の基本　184
　まず安心感がもてるように
　保護者を不安にさせる一言の例

迷ったときの対応のヒント　186
　信頼関係づくりのために留意すること
　どちらもその生徒の姿
　保護者を責めない担任の姿勢
　「登校しぶり」はＳＯＳのサイン

コラム　デジタル録音図書（デイジー）の紹介　74
　　　　　特別支援教育に関する法令　146

第1章 障害種別による支援のアイデア

1 LDへの支援

●思春期のLDの支援
[読む]
読み方がたどたどしい
読んだ内容が理解できない
漢字が読めない，語彙が少ない
古典に興味がもてない
[書く]
漢字が書けない
黒板を写せない
作文や自己アピール文がうまく書けない
[数学]
式と計算
図形
文章題
高校の数学
[英語]
アルファベットが覚えられない
発音と文字が一致しない
単語やつづりが覚えられない
聞く力・話す力をつける
読む力・書く力をつける

2 ADHDへの支援

●思春期のADHDの支援
他者理解・自己理解が苦手
人の話を聞くのが苦手
感情がコントロールできなくなる
目標がもてずやる気が出ない
興奮を抑えることができない
叱られることに過剰に反応する
友達ができにくい
環境の影響を受けやすい
興奮すると暴言・暴力が出現する
必要なこと・ものを忘れてしまう
スケジュールの実行が苦手
聞いたこと・見たことをすぐ忘れてしまう
同時に2つのことができない
セルフエスティームが低い

3 PDDへの支援

●思春期のPDDの支援
語彙が少ない
話し言葉で文法的な誤りがある
気持ちの切り替えが苦手
不安が強い
人間関係が上手にできない
コミュニケーションが上手にできない
友人とのトラブルがある
軽度のフラッシュバックへの対応

> 1　LDへの支援

思春期のLDの支援

1．生物心理学からみた思春期
(1)　身体の発達と心の発達

　思春期とは，子どもらしい活気にあふれる学童期から，身体も心も大人へと育っていく10年ほどの期間をいいます。身長も急速に伸び，早々と親を追い抜きますし，体重も増加し，がっちりとした身体に変化するとともに，呼吸器・循環器が急速に発達していきます。急速に発達するこれらの臓器は機能失調を起こしやすく，朝礼などで屋外で立っていると立ちくらみや失神を起こすなど，循環器系の症状が見られるようにもなりますが，やがて筋肉系の発達に伴って，スポーツに励むことを生きがいと感じるようになります。

　精神面でも発達を遂げ，中学生になると「自分自身」の意識が鮮明になり，自分の考えを言葉に表しながら，友達同士の話題の中に入っていきます。友達同士では，自分にとって都合の悪いことは黙っていればよいのですが，親子の間では好都合のこと不都合のことがすべてが知られており，できることなら秘匿したいと思っている過去のことまで親はもち出したりします。このように，彼らは親から不都合なこと，言ってほしくないことを言われて激しく反発します。これが思春期の反抗現象です。

　中学2・3年生の年齢になると，生徒は自分自身を客観的にみるようになり，自分の行動を言葉で説明し，自分の考えや行動をコントロールする力も出てきます。中学3年生から高校1年生では，自分の感情や意欲を自覚し，責任ある行動がとれるようになります。自分自身の長所や短所も客観的にとらえ，「自分とは何か」の問いを発するようになります。内面的にも「自分自身」がはっきりしてくる自己同一性のプロセスが進行し，自分の学力と照らし合わせた進路の選択が可能になります。そして大学や高校，専門学校などで，何がしかの技術やキャリアを手に社会に足を踏み入れるところで，波乱の思春期も終結することになります。

(2)　学習障害の概念とその領域

　学習障害（LD）の定義としてよく知られている文部科学省の定義（1997年）では，LDとは，「基本的には全般的な知的発達に遅れはないが，聞く，話す，読む，書く，計算する又は推論する能力のうち特定のものの習得と使用に著しい困難を示す様々な状態を指すもの」ということになります。なお，LDの原因は，中枢神経系の何らかの機能障害であって，環境的な要因が直接の原因となるものではないとされます。

　この定義は，LDを新たに特殊教育の対象に加えるために，文部省（当時）が発足させた調査研究協力者会議で作成されたものです。この定義に相当する当時の医学的概念としては，WHOによる疾患分類（ICD-10，1992）の中の，「精神および行動の障害」のF8章，

「心理的発達の障害」「学力の特異的発達障害」の項に,「特異的読字障害,特異的綴字障害,特異的算数能力障害」が掲載されています。また,米国精神医学会編纂の『精神疾患の診断と統計の手引第4版』(DSM-Ⅳ,1994)には「読字障害,算数障害,書字表出障害」が掲載されています。

「読字障害」の基盤は音韻障害とされます。これは,耳で聴いた言語音が,どの文字の音かを特定することの障害です。英語には四十数種の音韻がありますが,文字はアルファベット26文字しかないので,混乱しやすく,結果として文字を読むことが困難になります。日本語では,音韻と文字の大部分が1対1で対応しているので,特定の文字音の聴きとりや発音に混乱はあるものの,この種の障害による文章の読みの困難は起りにくいとされます。しかし,漢字を含んだ文章では,ふりがながないと読みに難渋する場合は少なくないようです。また,日本語では,読字だけでなく書字の困難を伴うことが多いので,あわせて「読み書き障害」ということが多いようです。英語圏の綴字障害は,口頭でつづり(スペル)を言う力と文字を正確なスペルで書くことの障害として現れるとされます。

算数障害は,読字障害を伴うものと伴わないものに分けられ,伴わないものは算数の演算が困難なものと視空間認知の困難なものとに分けられます。

2. 学校での LD の生徒と思春期

LDがある生徒は,特定の領域において,学力の達成度がクラスメイトから大きく遅れるという現実に直面します。この遅れが本人にどう意識されるか,それを克服しようとするのは何歳ごろなのかが問題になります。発達性のLDでは,指導によってか,成熟のプロセスによってか,日常の学習場面では読み書きの困難は徐々に克服されていきます。しかし,それに至るまでの達成度の遅れは本人の自尊心を傷つけます。また,遅れを先生に指摘されたり,何気なくクラスメイトに話題にされたり,仲間はずれにされたりしますので,単に劣等感だけではなく,つらい気持ちを味わい心を痛めることが多くなります。

中学生も学年が進んで,劣等感や自己不全感を自分の言葉で表現できるようになれば,親友やよき理解者に訴えることで,こうした不全感を人と共有できるようになります。生徒が高校生になって自分のハンディキャップを自覚し,意欲的に障害を克服しようと努めるステップに至るまでに,周囲の理解と保護が必要でしょう。

LDのある生徒は,思春期の後半になれば自己不全感を乗り越え,読み書き障害や算数障害を直視し,自分からそれを克服するようになります。自分で工夫して弱点を補おうとするよう,教師が学習指導のなかで適切な指導をしていくことが望ましいと考えられます。

1 LDへの支援〔読む〕
読み方がたどたどしい

このような生徒に
読み方がたどたどしい生徒の中には，ひらがな文の読みが苦手な生徒や，漢字単語の読みが苦手な生徒がいます。ひらがな文の読みが苦手なことに関しては，(1)読みやすくなるよう文そのものに手を加える，(2)単語の読みを改善する，(3)文章の意味を理解させることで読みを促進する，などの働きかけが効果的です。ここでは(1)の方法を説明します。

1 読みの手がかりとなる記号を書き込む

〈記号の書き方〉
① 読むときに息継ぎする箇所には，∧（∨）などの記号をつける
② 大切な単語・熟語には色分けして下線を引く
　　名詞 ▬▬▬▬▬，動詞や形容詞 ▬▬▬▬▬
③ むずかしい言葉や熟語にはふりがなをつける

世界の環境問題について∧話し合う国際会議が∧ニュースで取り上げられています。∧どうして注目されているのでしょうか？家庭や工場などから出される∧二酸化炭素などの温室効果ガス（おん＊＊＊＊＊）が増えています。∧温室効果ガスが増えると∧気温が上がり∧南極などの氷が解けて∧海面が高くなる心配があります。∧各国での温暖化防止の取り組みが∧世界全体として∧効果があがるよう∧話し合いが必要です。∧このように環境問題の解決には∧温暖化防止の国際的協調が必要になるため∧国際会議が重要な役割をはたします。∧

（ふりがな：かんきょうもんだい、おんだんかぼうし、きょうちょう、＊＊けつ）

> ふりがなでは，先頭の一部を手がかりとすると練習につながります

> ふりがなで，後ろの一部を手がかりとするのも，効果的な方法です

留意点　ふりがなのつけ方は，後ろの一部を手がかりにするほうがむずかしくなります。生徒がチャレンジしやすくなるように難易度を工夫します。長文は箇条書きにすると，さらに理解が進みます。

応用　生徒が自分で読みやすくなるように，文章をパソコンで打ち替えるのもよいでしょう。

このような生徒に

聞いて理解する力はあっても，文字から文章を理解することが苦手な生徒がいます。その場合，文そのものの読みの流暢性を改善することによって，文章の意味を理解することができます。新しい単元に入る前に，単元紹介をつくる課題を通して，つまずきやすい単語の読みや意味理解を促進します。クラス全体の生徒の課題にしても効果的です。

内容を理解してから読む

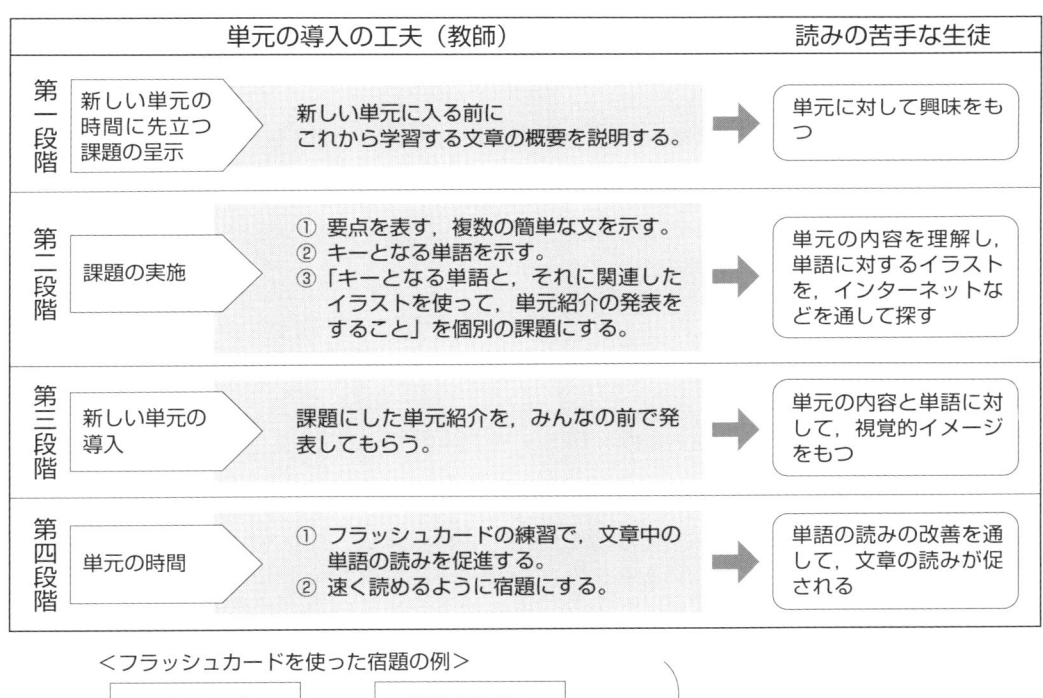

＜フラッシュカードを使った宿題の例＞

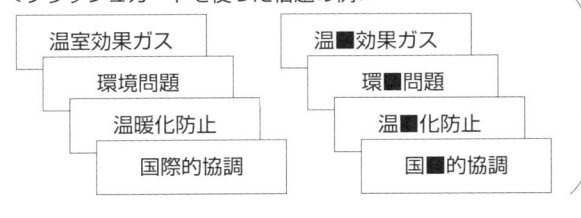

■を含むカードを読む練習によって，単語をまとまりとして読む力を，育てます。

[留意点] このアイデアは，文そのものの読みの流暢性の改善をはかるためのものです。
[応用] 聴覚記憶が弱い生徒では，写真やイラストを含めて言葉を記憶すると，記憶が促進されます。この方法が合っているならば，ほかの課題でも，写真やイラストを利用することを勧めます。

1 LDへの支援〔読む〕
読んだ内容が理解できない

このような生徒に

読みの流暢性に大きな問題はないが，読解がとても苦手な場合，以下の原因が考えられます。(1)抽象的な単語について，意味を理解することが苦手。(2)文中の語と語の関係を解読し，整理するプロセスが苦手。(3)文の関係や段落の関係などを整理し，推理するプロセスが苦手。ここでは(1)について説明します。

1 抽象的な単語の意味理解を促すカードゲーム

〈やり方〉
① カードを1枚引き，単語の意味と，その単語を含む短い文を言う
② カードの裏を見て答え合わせする
③ 一定時間の間に，カード何枚を達成できるかを競う

教科書に出てくる単語の例

単語カード［表］	単語カード［裏］
温室効果ガス	地球温暖化の原因とされている気体。二酸化炭素など
環境問題	人間の活動の結果生じた，環境の問題
温暖化防止	地球温暖化の原因をとりのぞく取組み

気持ちを表す単語の例

単語カード［表］	単語カード［裏］	ヒントカード
どきどき	心臓の動悸（どうき）が速くなるとき	ヒントカード　おばけが出そうで，＊＊＊＊する。
そわそわ	落ち着かないときの気持ち	ヒントカード　いつ名前が呼ばれるか，わからないので，＊＊＊＊する
くよくよ	いつまでも気にかけて，思い悩むときの気持ち	ヒントカード　昨日の失敗のことを考えて，＊＊＊＊する
わくわく	期待や心配などで，落ち着かないときの気持ち	ヒントカード　明日の遠足のことを考えて，＊＊＊＊する

〔留意点〕　ゲームの前に，それぞれの単語がどのような場面で使われる言葉かを，ていねいに説明します。言葉の表現に，気持ちが表されていることを，発達経過で学習します。ヒントカードは，気持ちを表す言葉を，うまく使えない生徒にとって，有効です。

〔応用〕　個人別やグループ別の対抗戦にすると盛り上がります。

このような生徒に

複数の文や段落から,「だれが」「いつ」「どこで」「どうした」等を読み取ることに課題を抱える生徒がいます。ここでは,生徒の学習意欲を考えて,カードゲームを利用した働きかけを提案します。また,単語の意味や文の関係がわかっても,段落の関係を理解することがむずかしい生徒がいます。文章の構造をあらかじめ示すことで理解を促します。

2 語と語の関係の読み取りを促すカードゲーム

〈やり方〉
① 初めに,「だれが」の記述を含む文(基本文)を教師が読み聞かせる
② 次に,「だれが」の記述が消された文(問題文)を生徒が読む
③ 生徒は質問カードに答える。答えられたらカードがもらえる

基本文　※問題文では,　　　の部分を削除する

> 文化祭の発表で, 私は, 昔からのこっている祭りについて調べることになった。
> (1)
> 私の町では,「くじら船祭り」という祭りが有名だ。この祭りの活動をしている人に
> 話を聞いた。漁師が, 船を出しても魚がうまくとれない日もある。漁師が, 安全に
> (2)
> 魚をたくさんとることができるよう, 町の人が願った祭りで, 活動する人は, 3週
> (3)
> 間くらい前からたいこの練習をするそうだ。お祭りをする人の気持ちを, 発表を
> (4)
> 聞く人に, よく知ってもらえるように, 私は準備しようと思う。
> (5)　　　　　　　　　　　　　　　　　(6)

質問カード

(1)「だれ」が調べるのですか？	(2)「だれ」が魚がうまくとれないのですか？
(3)「だれ」が魚をたくさんとるのですか	(4)「だれ」が,たいこの練習をするのですか？
(5)「だれ」が,よく知るのですか？	(6)「だれ」が,準備しようと思うのですか？

(7) どのような話ですか？　簡単に,まとめて,言ってください。

[留意点]　基本文(問題文)には,「だれが」「いつ」「どこで」「どうした」を含む, 3〜4つの文で構成された,わかりやすい文章を用意します(教科書の文も利用できます)。読解の弱い生徒では,初めに基本文を読ませます。理解がよくなってきたら,基本文を読んでから問題文を読むまでの時間を広げていきます。

[応用]　やさしい文から始め,定着してきたら,少しむずかしい文章に取り組みます。

1 LDへの支援〔読む〕
漢字が読めない，語彙が少ない

このような生徒に
ひらがな文の読みが困難な生徒は，漢字単語の読みも苦手であることが知られています。小学生のときにひらがな文の読みが苦手であり，中学校や高等学校では，それほど目立たなくなった生徒の中に，漢字単語の読みが苦手な生徒がみられます。特に，抽象的な単語は，視覚的イメージをもちづらいために，読みの習得がむずかしく，つまずきを示します。

① 熟語を使ったカードゲーム

[漢字単語の取り出しゲーム]
① 教師が，教科書などに出てくる言葉の意味を言う
② 生徒は，複数枚の漢字カードを組み立てて単語（熟語）をつくる

品物のよさの程度	➡	品	質
ほどよく整えること	➡	調	整
よさについての多くの人の判断	➡	評	判
ある目的のために，お金や物を払うこと	➡	支	出

[単語で文をつくろうゲーム]
① 初めに言葉の意味を確認する（正しい文はどれ？）

```
A 評判をたたいて音をならす。
B あのお店は評判がよい。
C 赤い評判が目印だ。
```
```
A 品質がよいものを食べる。
B 机の中を品質する。
C 品質した作品がもどってきた。
```

② 2つの単語を使って文をつくる
・約20枚の単語カードから，2つの言葉を選んで作文する
・できるようになったら，単語カードの漢字を1字ずつバラバラにして同様に行う

〈生徒の作文の例〉

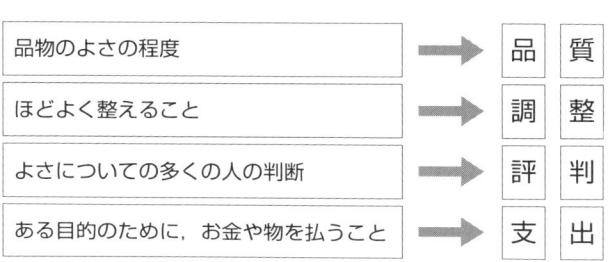

品質 と 評判 ➡ その会社のアイスの品質がよいと，評判になった。
支出 と 調節 ➡ お金を返すために，支出をおさえて，払うお金を調節する。

[留意点] 教科書に出てくる単語や，生活場面で必要な単語を取り出します。同じ場面でよく出合う単語をグループにすると文をつくりやすくなります。なお，教科書に出てくる単語は，生徒にとって少しむずかしい場合があります。漢字の用語辞典のように，日常生活に必要な漢字単語を中心に学習するということも大切です。

[応 用] 新聞調べで読めない単語や意味をつかめない単語をゲームにしても効果的です。

このような生徒に

語彙は，一定の文脈に沿って使用することで定着していきます。ただ読み方を覚えるだけでなく，生徒の年齢や興味関心に合わせてテーマを設定し，日常生活で使える漢字単語を増やすことが，語彙の定着につながります。

アイデア 2　会話に使って熟語の達人

好きな理由を話そう

私は、ミカンとリンゴでは、リンゴが好きです。なぜなら、運ぶときの動揺をおさえる技術ができて、熟成したリンゴはおいしいからです。

＜話型＞
私は，＊＊＊＊＊と＊＊＊＊＊＊では，
＊＊＊＊＊＊が好きです。
理由は，＊＊＊＊＊だからです。

比較する物のカード

| 桜 | リンゴ | ミカン | 梅 |

理由のカード

| 時期 | 逆説 | 疑念 | 技術 |
| 収穫 | 熟成 | 動揺 | 花見 |

物語を話そう

私は、今朝、起きたときに8時半でした。急いで学校に向かいました。途中で、路上に人が倒れていたので、緊急に救急車を呼び、助けることができました。私は、先生にとてもほめられました。

はじめのカード

| 私は，今朝，起きたときに8時半でした。 | 私は，朝，8時に起きました。朝から，強い雨でした。 |

終わりのカード

| 今日は，とてもよい1日でした。 | 私は，先生にとてもほめられました。 |

理由のカード

| 雑然 | 習慣 | 路上 | 緊急 |

[留意点]　文の内容の正しさではなく，漢字単語の使用の正しさをポイントに点をつけて，個人別，グループ別で競います。単語カードを示して，生徒に話の始まりと終わりをつくらせることで，課題はやさしくなります。

[応用]　教科書の中から単語を選んだり，話のテーマをみつけたりすることで，教科書の内容の学習につなげることができます。

1 LDへの支援〔読む〕
古典に興味がもてない

このような生徒に
読み飛ばしや読み間違いが多い生徒は、古典を読むことに初めから苦手意識をもっています。古典に接する機会がほとんどないので、古典学習の意義がわからず、興味関心をもたないことも原因です。「随筆」等、比較的短い内容で、作者の心情が読み取りやすい題材を選び、2人組で分担しながら協力して調べ、発表することで身近なものにしていきます。

アイデア1 現代語訳で古典を身近にする

いろいろな現代語訳で気づかせる

「現代語訳にも色々あるんだ　清少納言のイメージはどれが近かったんだろう」

大庭みな子訳『少年少女古典文学館4 枕草子』講談社

春は夜明けが一番美しい。しだいに白んでゆく山ぎわの空が、いくらか赤みをおびて、紫がかった雲が、細くたなびいているようすは、ほんとうにすばらしい。

橋本治訳『桃尻語訳枕草子 上中下』河出書房新社

春って曙よ！　だんだん白くなってく山の上の空が少し明るくなって、紫っぽい雲が細くたなびいてんの！

『絵で見るたのしい古典4 枕草子・徒然草』学研

春は、なんといっても、よあけのころ。だって、空が少しずつ明るんでくるにつれ、おぼろな山の姿もはっきり見えるようになってくる。赤紫色の雲がすうっと流れるように、山ぎわのかかっている、こんな夜明けを見たら、思わず、見とれてしまいますもの。

身近な事柄を、古文で表現してみる

カードを参考にしながら、身近なことを現代語と古文で表現する

はづかし	あやし	なほ	かなし	あさまし
こちらが気が引けるほど相手が立派である。	不思議だ。粗末だ。身分が低い。	まだ。やはり。	いとおしい。心ひかれる。	驚きあきれる。

(留意点) 現代の内容でも、古語で言い表せることを体験します。その体験を通して、古文の内容が、身近なテーマに関係していることに気づかせます。生徒が表現しようとする内容が、古文としてむずかしい場合には、やさしい文で言いかえができることを教えます。

このような生徒に

現代語訳で作品に興味をもてたら，「現代語訳だけでは古典作品のよさがわからない」「昔の人が何を考えていたのかもっと知りたい」と，自ら調べて使っていくことが古典文法学習のカギになります。文法を理解する工夫を，グループによる発表活動として行うと，意欲的に取り組める作業になります。

アイデア2 グループ学習で意欲を高める

品詞の仲間集めゲーム

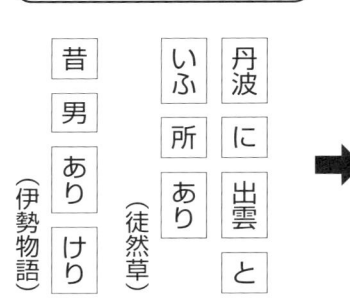

① グループで，単語のタイプ分けをする

仲間集めの条件1
自立語（文節をつくれる）か？ 付属語（文節をつくれない）か？

仲間集めの条件2
活用があるか？ 活用がないか？

② 集めた品詞が何かをあてる

文法の理解の工夫を発表しよう

各グループで調べた「文法の理解の工夫」を発表する

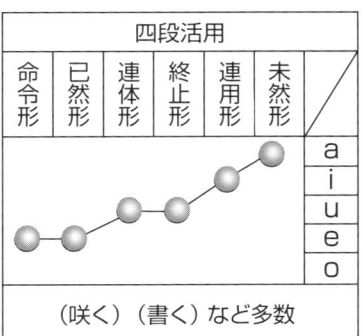

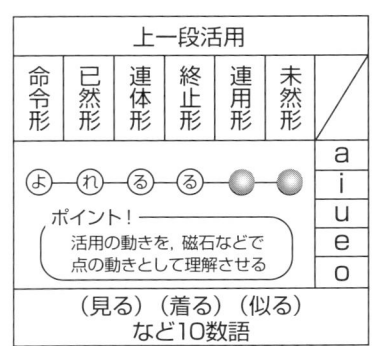

留意点　生徒だけではうまく工夫を考えることができない場合には，指導者が，工夫の仕方を教えます。また発表の内容を助言します。

応用　グループの発表活動として取り組むことが好きな生徒の場合には，文法だけでなく，読解問題やほかの課題にも，グループの発表活動を取り入れます。

① LDへの支援〔書く〕
漢字が書けない①

このような生徒に
漢字を書くことが苦手な生徒の中に，漢字を「読む」と「書く」の両方が苦手であるという生徒がいます。また，「書く」のみが苦手であるという生徒もいます。書字を支援する際には，どちらのタイプであるのか見極めることが，とても大切です。さらに聴覚記憶が苦手であるのか，良好であるのかによって，支援方法を変えます。

言葉を手がかりとした指導 （聴覚記憶が良好な場合）

 漢字は言葉でその組み立てを説明することができます。
聴覚記憶が良好な生徒に利用します。

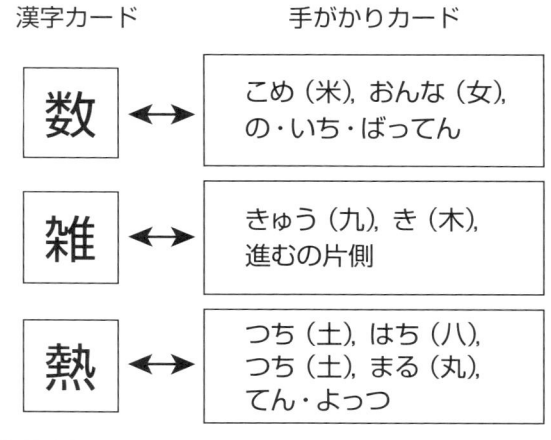

新しく習う漢字の一部が，既に習った漢字の一部と同じであることに，気づかせるのも有効です。

〈やり方〉
① 漢字の形を覚えやすい言葉にした「手がかりカード」をつくる
②「手がかりカード」をスムーズに読めるように練習する
③「漢字カード」を見て，言葉の手がかりを言えるように練習する
④ 言葉の手がかりから，漢字を答えられるように練習する

[留意点] 認知の偏りが強い生徒に，何度も書いて覚えさせる反復練習は効果がありません。聴覚記憶が強いタイプの生徒では，漢字の組み立てを言語化することで覚えるのを助けます。言葉の手がかりは，生徒が理解しやすい言い方を探します。

[応用] 新しい漢字を学習する際に，自発的に，本人の得意な方法で練習を行うよう指導します。どうすると効果的か，生徒と相談してアドバイスをします。

このような生徒に

生徒が漢字を「読む」のも「書く」のも苦手な場合には，漢字単語の読みの指導が不可欠です。聴覚記憶が弱い生徒の場合は，視覚的に構成する活動のほうが比較的得意です。書字を支援する際にも，視覚的に形をとらえる活動をすることが効果的です。

形を手がかりとした指導　（聴覚記憶が弱い場合）

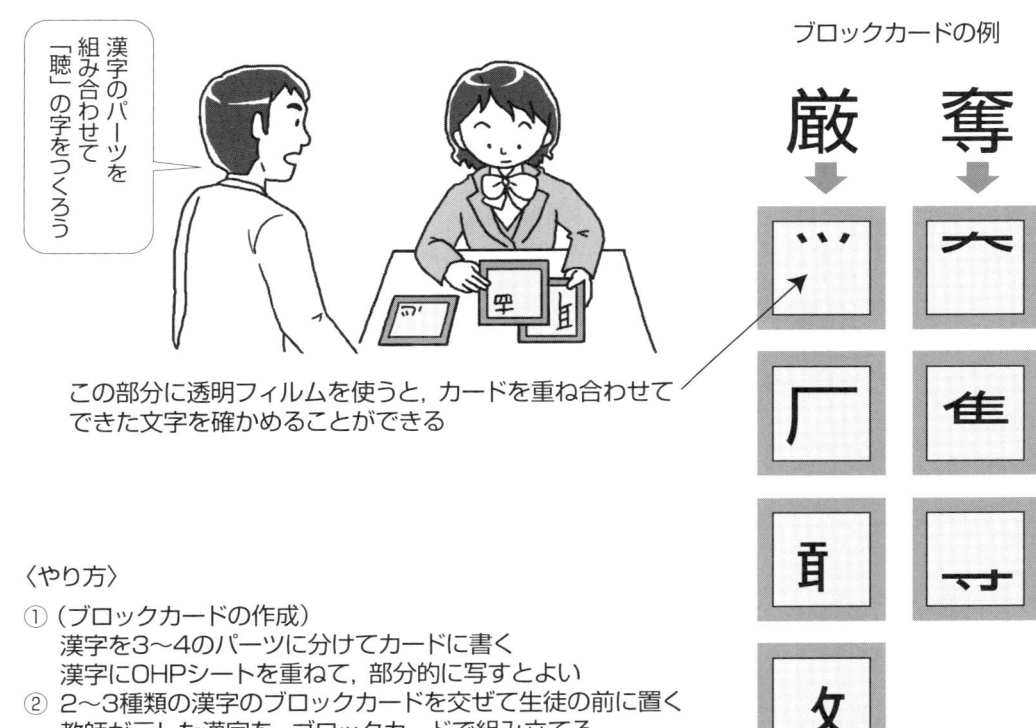

〈やり方〉
① （ブロックカードの作成）
　　漢字を3〜4のパーツに分けてカードに書く
　　漢字にOHPシートを重ねて，部分的に写すとよい
② 2〜3種類の漢字のブロックカードを交ぜて生徒の前に置く
　　教師が示した漢字を，ブロックカードで組み立てる
③ 慣れてきたら，その場のすべてのブロックカードを使って漢字を組み立てる。時間を測って行うと動機づけにもなる

[留意点]　聴覚記憶が弱い場合は，左ページのような言葉による手がかりは効果的ではありません。漢字をパーツに分けて組み立てることは比較的得意なので，これを利用します。

[応用]　新しい漢字を学習する際に，自発的に，本人の得意な方法で練習を行うよう指導します。どうすると効果的か，生徒と相談してアドバイスをします。

1 LDへの支援〔書く〕
漢字が書けない②

このような生徒に
漢字を書くことが苦手な生徒は，漢字を使った作文も苦手です。話し言葉では表現できても，作文になると文脈を整えることができない場合もあります。ここでは単語（意味）や絵をヒントにして，文章を作成させていきます。

アイデア3　漢字単語を使った作文ゲーム

「単語で文をつくろう」ゲーム

相互に関連のない約20の単語のカードから2枚を引いて作文する

単語カードの例

新聞	学校	映画	時計
世界	公園	運動	朝食
電気	友達	完成	評判

↳ カードの裏には意味を書いておきます

例①　天気　と　失敗

→ 天気のよほうに、失敗して、みんながこまった。

例②　野菜　と　宇宙

→ 宇宙船の中で野菜を育てた。

「絵で文をつくろう」ゲーム

技術
環境
発電
海洋
水源

〈やり方〉
① 5枚の単語カードを3分程度見て，漢字が書けるように練習する
② 写真（またはイラストや絵）のカードを渡す
③ ①の漢字単語を使って，作文を書く（複数文）

むずかしい場合には，単語カードを見せる時間を長くします

[留意点]　漢字の書字が定着するためには，一定の文脈に沿って使うことが大切です。「話をする」ことは，「書く」ことよりもやさしい活動です。文を作成する指導でも，生徒に口頭で発表させた後に，紙に書かせるという指導につなげると，取り組みやすい課題になります。

[応用]　教科書の中から単語を選ぶと，教科学習につなげることができます。

このような生徒に

LDがある生徒の中には，眼と手の協調運動が苦手な生徒がいます。かれらは，手の力が弱かったり，力をうまく調整できなかったりするために，字を書くことが苦手です。「横」「縦」「はらい」「とめ」などの簡単な画要素を練習すると，字がきれいになることを実感させます。生徒によっては，書字の練習の励みになります。

アイデア 4 「はらい」「とめ」などの一画一画を書く力を養う

画要素の練習シート

〈やり方〉
① 課題漢字をノートに3回書く
② 始点と終点に注意して，「縦」「横」「斜め」を練習シートに書く
③ もう一度ノートに課題漢字を3回書く

〈注意点〉
・課題漢字は，一画目に「斜め」の成分を含む文字がよい（例：月・風・依など）。反復して書くと乱れる傾向が強いので，効果が実感しやすい。
・WISCの群指数「知覚統合」の得点が低く，視空間認知の弱さを示す生徒では，色がついた枠の方が，書字しやすい（中村，2008）。

練習シート

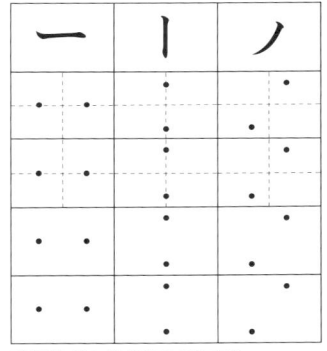

●開始点と終点を丸で示す。

漢字プリントの工夫

① 1日1文字ずつ練習

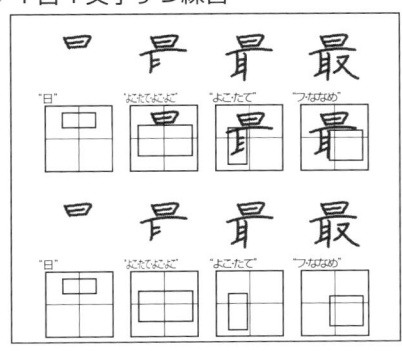

② 地理と関連させて

[留意点] マスの大きさ，罫線の入れ方，ペンの種類などに配慮し，生徒が無理なくペンを動かせる条件を探します。鉛筆より，マジックなどのペンや筆などがよい生徒もいます。失敗せずに書けた場合には，どこがうまく書けたか指摘してほめます。

[応用] 新しい漢字を見せて，どこを注意するのか話し合うことは，生徒が一人で書字する際に，どこに注意して書くのか，意識することにつながります。

① LDへの支援〔書く〕
黒板を写せない

このような生徒に

板書がうまく写せず，後でノートを見ても何が書いてあるか判読できない。授業中大切なことを「聞きとりながら書く」ことができないので，重要な内容や語句を復習できない。黒板を見たまま，ノートや手元を見ないで書きつける。このような生徒には，教師側も板書の仕方を工夫するとともに，生徒にもノートの取り方を工夫させる必要があります。

板書の工夫

教師が気をつけること

1. 50分授業で，板書は1枚程度にする。その日の授業タイトルと日付を必ず書く
2. きちんと楷書で，正しい字で書く
3. 説明のための記述か，指示や発問か，ノートに書かせる内容かを明確に示す。または，ノートに写す箇所を口頭で言って書かせる
4. 黒板に書く量を少なくし，箇条書きにしたり，キーワードやセンテンスなどは文字を囲んだりして，ノートに写しやすくする
5. 説明しているときはノートをとらせない。きちんと聞かせ，その後，板書をする時間をとる

生徒に気をつけさせること

1. 黒板を見てゆっくり書く
2. タイトルと日付を必ず記入する
3. 板書計画のメモを，書き写してもよい
   （生徒が自信がないときは，メモは持たせたままにする）
4. 項目をすぐ見つけられるように見出しをつける
5. 色鉛筆（ペン）を活用する
   例：重要な語句は赤で下線や囲みをする
6. 自分なりの記号や番号を活用すると書く量を減らせるうえ，見やすくなる

留意点 黒板を見て少しの範囲を覚えてから，ノートを見ながら書くことが大切であることを教えます。黒板のとおりそのまま書くのではなく，自分が後で読んでわかるように書くことが大切であることも教えます。

作文や自己アピール文がうまく書けない

このような生徒に

「書くこと」に抵抗を示す生徒は，高校生になると自己アピール文や作文が書けなくて困ることが多いようです。中学校時代から，①何を何のために書くのかわからない，②書いたものが自分にとって重要ではない，③面倒くさいと敬遠してきたので，とまどってしまうようです。自分の思いや考えを自分の言葉で適切にまとめ，相手に伝える練習をします。

自分の言葉でまとめよう

想像を広げて語彙を増やす練習

絵や写真からイメージする言葉を，どんどんカードやノートに書き出していく

短くわかりやすい言葉で人に伝える練習

1. パンフレットづくり

〈テーマの例〉
・私たちの学校紹介
・私の一番好きなもの　　など

2. CMづくり

〈テーマの例〉
・身近な道具（計算機，そろばん）
・はやっている食べ物
・友人の長所，短所を紹介　　など

[留意点]　自分にかかわる道具や食べ物なら，わりと言葉をみつけやすいでしょう。身近な道具や食べ物の長所や短所を探って，それを言い当てる言葉を考えさせます。段階的に，友人紹介や自己アピール文の作成につなげましょう。

[応用]　録画した料理番組のレシピ文をつくる，ドラマや映画の見どころやあらすじ等の解説文を規定の字数でつくるなど，生活に密着した説明的文章を書かせます。

1 LDへの支援〔数学〕
式と計算

このような生徒に
注意の持続や集中に課題がある,ワーキングメモリが弱いなどの生徒は,一時的に数字を記憶しておくことが苦手です。そのために計算ミスが多くなります。複雑なルールや手順を思い出して最後まで解くという経験が少ないために,紙と鉛筆を使っての計算に自信がもてません。ゲーム感覚で基本的なルールの定着や,ミスしやすいポイントの意識化を図ります。

計算まちがい探しゲーム

まちがい探しプリント

式と答えが合っている場合 → ○
まちがっている場合 → ×と正答
を記入しましょう

	○×	正答	理由
① $3a-2a=1a$	×	a	係数の1は省略
② $y\times 5\times x=5yx$	×	$5xy$	アルファベットの順番に
③ $3a-4a=-1a$	×	$-a$	係数の1は省略
④ $a\times a\times a=3a$	×	a^3	aを3回かけると三乗
⋮			
⑩ $a\div 3\times b=\dfrac{a}{3b}$	×	$\dfrac{ab}{3}$	かけ算は分子にかける

まちがい探しゲーム

① 先生が途中式をわざと間違え,生徒に指摘させる
② 生徒同士で間違い問題を作成し,グループ同士で競い合う

例① $3x-2+x+8$ 　　$=(3-2+1+8)x$ 　　$=11x$
② $6+x+x=6x^2$
③ $6x-x=6$
④ $8\div(-2)^2\times 7$ 　　$=8\div(-2)\times(-2)\times 7$ 　　$=8\div\dfrac{1}{(-2)}\times(-2)\times 7$ 　　$=56$
⑤ $(-3^2)\times(-2)$ 　　$=(+9)\times(-2)$ 　　$=-18$
⑥ $\dfrac{1}{3}x-4=\dfrac{1}{5}x$ 　　$5x-4=3x$ 　　　$2x=4$ 　　　　$x=2$

(留意点) 計算方法やルールはわかっていても,自分で計算するとうまくいかない生徒がいます。提示された答えのミスをみつける活動を通して,計算の処理速度を速めたり,計算手続きが自動化されることをねらいます。授業で典型的な間違いを強調しておくことにより,ゲームのポイントになることを焦点化して意識づけます。

(応用) 得点とともに,間違いの発見タイムを競う方法も効果的です。

このような生徒に

視覚認知に弱さがある生徒は,自分で書いたノートの数式や文字,符号などを読み違えたまま計算してしまうことが多くみられます。また,目と手の協調運動が苦手な生徒では,数字を正しい位置に書きとめることが苦手です。このような生徒へは,ミスが起こりにくい書き方や目印の工夫を指導することが効果的です。

アイデア2 計算ミスをふせぐ工夫

【項を区切る】

$-2 / -4 / +6 / -1$
↑
スラッシュで区切る

【下線を引く】

$-2 \underline{-(-3)} +7+(-4)$
↑
代和数に直すところに下線を引く

【同符号を囲む】

$= \boxed{-2}\; \boxed{+3}\; \boxed{+7}\; \boxed{-4}$
$= \boxed{-2}\; \boxed{-4}\; \boxed{+3}\; \boxed{+7}$
↑   ↑
マイナスは□   プラスは○

【演算記号を色分けする】

＋ ← 赤のマーカー
－ ← 青のマーカー
× ← 黄のマーカー
÷ ← 緑のマーカー

【方眼ノートの活用】

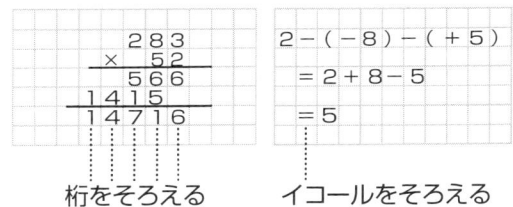

桁をそろえる　　イコールをそろえる

【ミス防止カード】

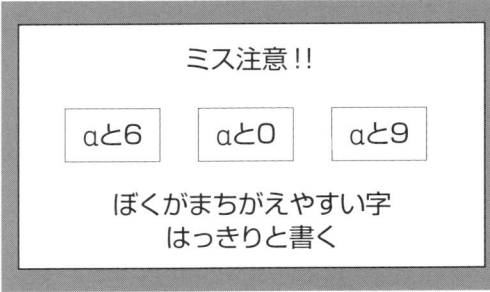

・テストでまちがえたところや先生に注意されたところをカードにする
・下敷やノートに貼っておく

(留意点) ひと手間かけて,見やすさの工夫をしたり,ミス防止カードを活用することにより,次の計算の処理がぐっと楽になることを実感させます。最後まで混乱せずに計算できた,正答率が上がった,ということを本人にフィードバックして,こうやれば自分はミスしないという方法を自分で意識させることが大切です。

(応用) 徐々に目印の手がかりをはずしていってもできるように,練習していきます。

1 LDへの支援〔数学〕
図形

このような生徒に

作図の用語をあいまいに理解している生徒は，作図の手順を記憶することがむずかしくなります。また作図の手順を定着させるためには，目的に向かって手順を考えるプランニングの力を育てることが大切です。手順をほかの生徒に説明することによって，思考を整理し，記憶を促すという効果があります。

アイデア① 作図の指示出しゲーム ―人に説明しよう―

課題の例

> ∠AOBの二等分線の作図方法（全文）
> ① 点Oを中心として，適当な半径の円をかく。
> ② 辺OA，辺OBとの交点を，それぞれC，Dとする。
> ③ 点C，Dを中心として，等しい半径の円を交わるようにかき，その交点の1つをPとする。
> ④ 2点O，Pを通る直線をひく。

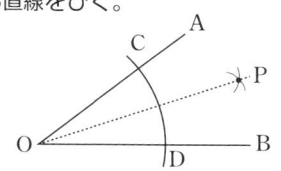

〈やり方〉

① キーワードを手がかりに，作図の手順を説明できるように各自で練習します

> ∠AOBの二等分線の作図のキーワード
> ① 点O ｜ 中心 ｜ 適当な半径の円
> ② 辺OA ｜ 辺OB ｜ 交点 ｜ それぞれ
> ③ 等しい半径の円 ｜ 交点の一つ
> ④ 2点O，Pを通る線

② キーワードの数を減らしても説明できるように練習します

> ∠AOBの二等分線の作図のキーワード
> ① 点O ｜ 適当な半径　③ 等しい半径
> ② 交点　　　　　　　④ 2点O，Pを通る線

③ 2人組で作図の指示出しゲームをします。キーワードをランダムな順に示したカードをヒントとして配ります

> ∠AOBの二等分線の作図のキーワード
> 交点 ｜ 点O ｜ 中心 ｜ 2点O，Pを通る線
> 等しい半径 ｜ 適当な半径

[留意点] キーワードの数や，プロンプトの内容により得点を決めておき，ゲーム感覚で作図ができる達成感を味わえるように工夫します。最初はやさしい図形から始めて，楽しい雰囲気で得点を競い合わせながら，苦手意識を克服させていくよう促します。

[応用] 「線分の垂直二等分線」等作図の指示が書かれたカードを裏返しておき，チームでカードを引き，相手の指示で実際に作図してみるのも面白いでしょう。

このような生徒に

空間認知に弱さのある生徒の中には，同位角，錯覚，対頂角など，平面上で角の位置関係が把握できない場合があります。そのような場合は，キーワード（言葉）をもとに位置関係を把握させることで，平面や空間の位置関係をわかりやすく整理することができます。

アイデア 2　位置関係キーワード

時計（同位角）

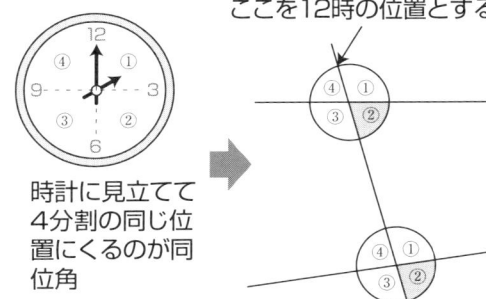

時計に見立てて4分割の同じ位置にくるのが同位角

ZとN（錯角）

補助線を引いてZやNを見つけ2つの角にくるのが錯角

はさみ（対頂角）

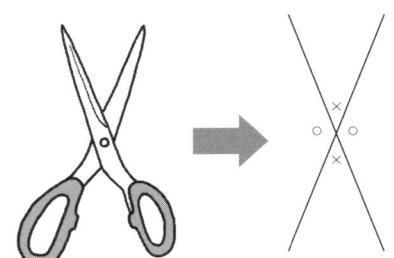

ばってんの向かい合う角が対頂角

きゅうりの断面（平面の垂直）

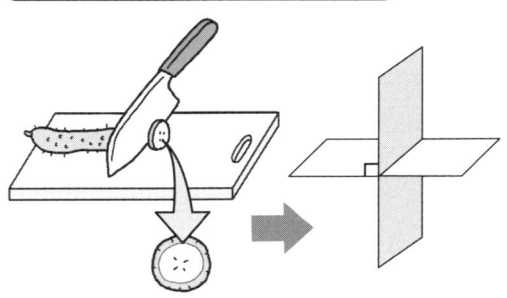

きれいな円になるのが垂直
（斜めに切るとだ円になる）

留意点　教科書では，「こことここのような位置にある関係を○○という」のような抽象的な表現で説明していることがあります。空間認知の弱い生徒には，形や位置をイメージしやすい具体物のキーワードで見方の視点を提示することが効果的です。

応用　生徒たちに「キーワード探し」をさせると，さまざまなケースが提案され，よりイメージが鮮明になるでしょう。

1 LDへの支援〔数学〕
文章題

このような生徒に
文章題を解くためには，①文章の意味を理解する，②文章の意味を数学的知識に照らし合わせて統合する，③推論しながら式を立てる，④立てた式を解くという複雑なプロセスがあります。中でも読解に困難があると，読んだだけであきらめてしまうケースがしばしば見受けられます。文章中から必要な情報のみを抽出し，それらを統合して式にまとめる練習をします。

アイデア1　文章題と式のマッチング

数学 de 神経衰弱ゲーム
このゲームでは，式のもつ意味を逆に理解する力が必要です。
文章題の意味を統合して式の形をイメージする力や式を読み解く力を育てます

カードの例

文章題	式
ある数 x を3倍して7をたすと，y になった。	$3x+7=y$
x 個のみかんを，5個ずつ a 人に配ったところ，3あまった。	$5a+3=x$
定価 a 円の商品を2割引きで売ると，定価より b 円安くなった。	$(1-0.2)a=a-b$
現在父は a 才，子どもは b 才である。今から m 年後に父の年齢は子どもの年齢の n 倍になる。	$a+m=n(b+m)$
a を p で割ったときの商が q で余りが r である。	$a=pq+r$

苦手な思考パターンを調べて，練習する
文章問題を算数領域ではなく，問題の構造（思考パターン）によって分類します。
生徒が苦手な思考パターンについてチェックし，意識して練習します

3種の算数思考課題とは		
	「集合分類」課題	集合の要素の不必要な属性を捨象し，必要な属性に注目して，カテゴリー分類によるクラス化を行う
	「集合包摂」課題	集合に速さや長さなどの量概念を持ち込むことにより，推移律により演繹的に順序関係を推論する
	「可逆」課題	数の大小関係と時間という数量概念について，それらの関係を，可逆思考により推論する

留意点　生徒の実態に応じて，文章題と式の数を変えてあまりのカードを用意したり，文字や演算記号を一部変えただけのお手付きしやすいカードを混ぜたりすると，よりゲーム感覚がアップし，盛り上がります。生徒どうしで問題カードを作成しあったり，式カードから色々な文章を作成したりさせてもいいでしょう。

応用　このゲームは，文章題のみならずさまざまな単元で楽しく効果的に活用できます。

〈参考文献〉成川敦子，後藤隆章，小池敏英，稲垣真澄（2010）「LD児の論理的思考の特徴に関する研究」，LD研究，19，281-289

このような生徒に

うまく式が立てられない生徒の中に、問題解決までのプロセスを、筋道を立てて考えることがむずかしい生徒がいます。プランニングの力が弱いことが原因の一つになっていることがあります。そのようなときは、解決への手続きの流れをサポートするようなワークシートの活用が効果的です。

アイデア 2 立式ワークシートの活用

> 問題　太郎さんは、文房具屋で、60円の消しゴム1個とノート3冊を買いました。合計金額は420円でした。ノート1冊の値段は、いくらでしょうか。

空欄 ☐ を埋めていきましょう。

① わかっているものは ｜消しゴム1個の値段｜ です。それは ｜60円｜ です。
② わかっていないものは ｜ノート1冊の値段｜ です。
　→それを仮にわかったとして、x 円で表します。
③ x を組み入れて、文章をつくりなおします。
　｜60円の消しゴム1個｜ と、
　｜x 円のノートを3冊｜ を買いました。
　｜合計金額が420円でした。｜
　ノート1冊の値段はいくらですか。

　　　＞ わからない数は文字で表し、もとの文章にもどすことで、既習内容にもちこめることを理解させます

④ 図に表しましょう。

　　　＞ 具体物（金額入り）や数直線で表します

⑤ x を使って、等しい関係にある数量を方程式で表しましょう。 ｜$60 + 3x = 420$｜
⑥ 方程式を解きましょう。

　　　　　　　　　　　　　　　　　　　　　　　　　　

⑦ 解が問題に合うか確かめましょう。

［留意点］　しだいに、ステップを大まかにしたり、省略したりしてヒントを減らしていきます。一連の作業の流れが定着したら、ワークシートなしで解けるよう導きます。

［応用］　見て理解するより、聞いて理解するほうが得意な生徒もいます。言語化することで思考が整理されることもあります。隣どうしでワークシートの内容を質問し合い、答えるというやり方もいいでしょう。

① LDへの支援〔数学〕
高校の数学

このような生徒に
短期記憶に弱さのある生徒の場合，複雑な公式が覚えられないことがあります。また，覚えたつもりでも，すぐに忘れてしまい，思い出そうとしても想起できない場合もあります。そんなときは，数式ブロックを組み合わせる作業を通じて，位置情報をもとに再生するようにすると覚えやすくなります。パズルやゲーム感覚で抵抗感なく覚えることができます。

アイデア① 公式カード作り

【公式パズル】

例1）二次方程式の解の公式

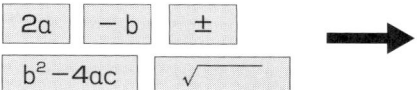

例2）三角比の余弦定理

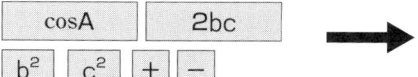

例3）因数分解の公式

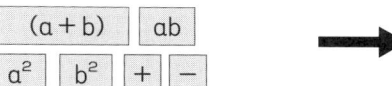

【オリジナル・デコカード】

シールを貼ったりペイントしたり，お気に入りのキャラクターを描いたりして，苦手な公式を親しみやすくします

留意点 初めはいくつかのカードを置いておき，徐々にカードを増やしたり，複雑な公式にもチャレンジしたりしていきます。何の公式か伝えずにチームで当てる競争をすると，ゲーム性が高まり，苦手意識のある生徒も参加しやすい活動になります。

応用 カードを並べるなど，覚えるときに，場所の情報も与えると記憶が定着しやすくなることが知られています。いろいろな場面で応用することができます。

このような生徒に

視覚認知に弱さのある生徒の中には，図形が回転すると，同じ図形として認識できなくなったり，対応する角や辺の位置関係がとらえられなくなる生徒がいます。このような場合は，実際の操作活動を通して自分で位置や向きを確かめられる教材が有効です。情報をフィードバックしながら，トレーニングしていくことが効果的です。

アイデア 2　自分で確かめてみよう

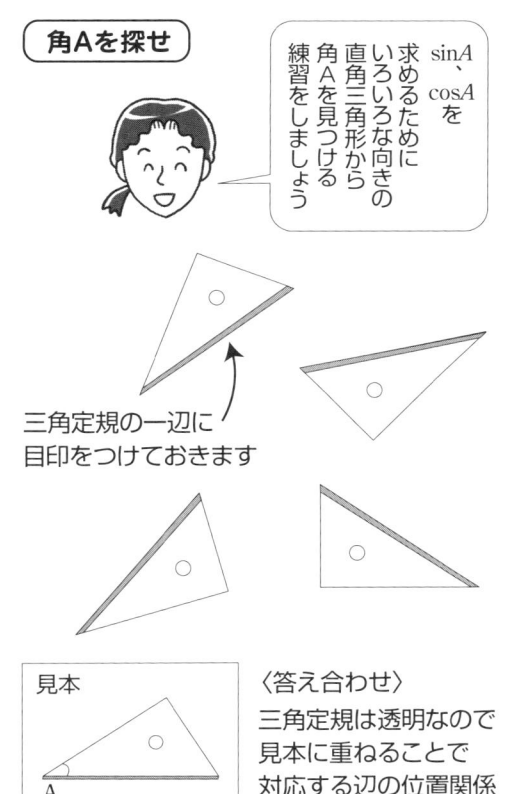

角Aを探せ

$\sin A$，$\cos A$ を求めるためにいろいろな向きの直角三角形から角Aを見つける練習をしましょう

三角定規の一辺に目印をつけておきます

見本

〈答え合わせ〉
三角定規は透明なので見本に重ねることで対応する辺の位置関係を確認できます

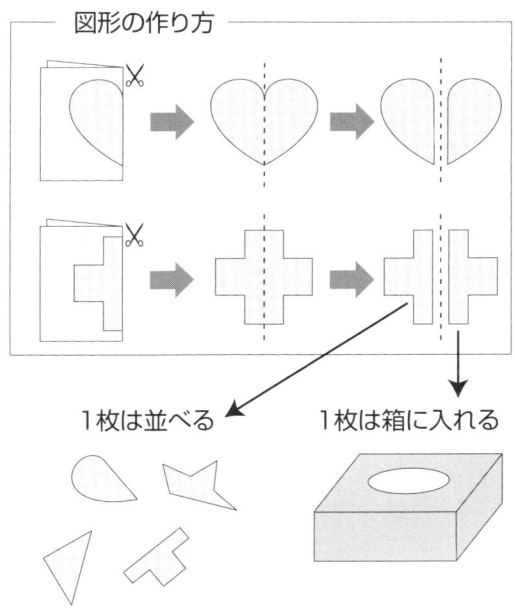

回転図形を探せ

図形の作り方

1枚は並べる　　1枚は箱に入れる

① 箱の中から図形を1枚引きます
② 並べられた図形の中から，回転させた形（線対称の図形）を選びます
③ 2枚を重ね合わせて答え合わせをします

留意点　高校の数学は抽象度が高くなり，具体的な活動を通して学ぶ機会が少なくなります。イメージがもてない生徒に対しては，教材を工夫して，自分で確かめながら学習できる配慮が必要です。慣れてきたら，徐々に印を少なくしていきます。

応用　回転図形では，箱を遠くに置いてだれかに引いてもらうと，図形の形を記憶しながら同じ図形を選ばなくてはならないため，よりむずかしくなります。

1 LDへの支援〔英語〕
アルファベットが覚えられない

このような生徒に

LD傾向がある生徒の多くは英語が苦手です。実際，ALT等との会話は学べてもアルファベットを覚えるところでつまずく生徒は少なくありません。何度も繰り返し書かせるなどの指導が効果的とは必ずしも言えません。ポイントは早い段階で多感覚（マルチセンソリー）を使って指導し，アルファベットを覚える段階でつまずかせないことです。

① クッキーでアルファベットを作って食べよう

1. こねて形づくることで指先の感覚，食べることで味覚を使います

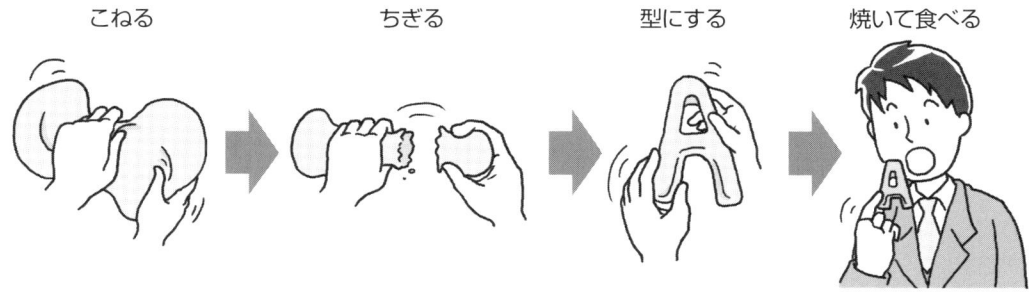

こねる　　ちぎる　　型にする　　焼いて食べる

2. bとd, pとqなど，形の似た文字は，クッキーを舌に乗せて特徴を言語化すると覚えやすい場合も

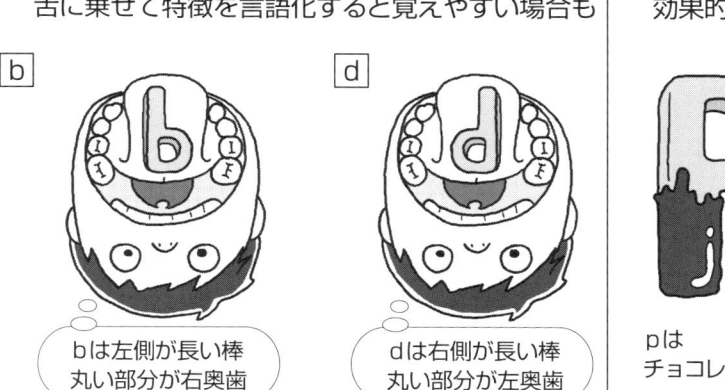

bは左側が長い棒　丸い部分が右奥歯
dは右側が長い棒　丸い部分が左奥歯

3. 味を変えて味覚を強化するのも効果的な方法です

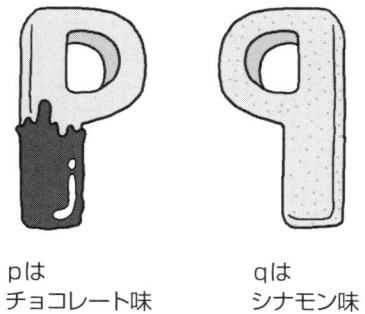

pは　チョコレート味
qは　シナモン味

【留意点】アルファベットを覚えることがむずかしい生徒には，視覚機能はどうか，視空間認知はどうかというような，学習の土台となるスキルの確認を必ず行ってください（P114参照）。視覚機能に課題があって文字が二重に見えたり，ゆがんだり，立体などに見えていたり，視空間認知が苦手なままクッキーを焼いて覚えさせようとしても，かえって混乱してしまう可能性があります。

このような生徒に

マルチセンソリーは，同時に複数の感覚を使うことが好ましいので，声に出しながら，体で文字を作っていくなどしていきます。とにかくアルファベットを覚える段階でつまずかせないように。いずれにしても，母語での指導が先であることは言うまでもありません。

アイデア2　体を使って文字をつくり言葉で説明しよう

指でつくり，同時に説明する

- 左手でOKサインをつくると b
- 右手でOKサインをつくると d
- 両手の指を広げてくっつけると O 
- 左手の指を曲げると C 

体でつくり，同時に説明する

- b：ひざを丸めて座り，両腕をまっすぐに上に伸ばすと b
- Y：両腕を斜め45度上に上げて，両足を閉じて立つと Y
- I：まっすぐ立ち，両腕をおろすと I
- V：おしりを起点に両足を斜め45度上に上げると V

二人組み

E　K 　L 　M 　W 　X

二人組の場合も，どういう風に組んだらその文字になるか，言葉で言いながら行う

留意点　「体で文字をつくる」と同時に「言語化する」ことで，より記憶に残ります。文字のつくり方は教師が考えて教えるのではなく，話し合いながら本人にアイデアを出させましょう。教師が提示するものが生徒にとって暗記しやすい形や動作かどうかはわからないからです。生徒がある形を提案したとき，どうしてそう思うのかと尋ねるのも，記憶を強化しておくことにつながり有効です。

1 LDへの支援〔英語〕
発音と文字が一致しない

このような生徒に

アルファベットを覚えたからといって，英語の読み書きができるようになるわけではありません。"a"を「エイ」と読む場合もあれば「ア」と読む場合もあるなど，英語のむずかしさはその音の不規則性や多様性にあるからです。英語の単語を聞いて理解できるようになるためには，こういった文字やその組み合わせと，それに合う音を覚える必要があります。

アイデア 1　粘土でアルファベットを作り，基本の母音・子音を覚える

1. 粘土をひも状にしてアルファベットを作る

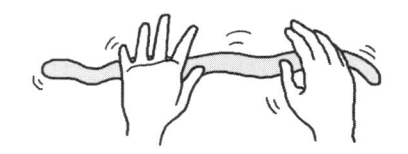

（小文字の筆記体）

2. 基本の音素を覚える
〈æ の例〉

cat
(kæt)

粘土で作った文字を触りながら発音する
1モーラの単語と一緒に発音を覚える

① まず母音の発音を覚える
　例　a…／æ／ʌ／aː／ei／ə　など

② 次に子音のグループを覚える
　例　p／b／t／d　破裂音のグループ
　　　m／n／ŋ　　鼻音のグループ
　　　　　　　　　　　　　　　など

③ 母音は赤，破裂音は緑など，生徒が覚えやすいように粘土の色を変えるのもよい。色は生徒自身に決めさせ，なぜその色にしたか言葉で確認させる

> モーラ (mora) とは，一定の時間的長さをもった音の分節単位のことです。日本語の仮名1つは基本的に同じ長さ（1音）で発音され，1モーラにあたります

〔留意点〕LD傾向がある生徒にはできるだけ筆記体を使うことがポイント。筆記体には連続性があるため，リズムなどを使って腕全体で記憶しやすいからです。

〔応用〕粘土を使ってアルファベットやカンマなどの記号を覚えるという方法は，ロン・デイビスというディスレクシア（読み書き障害）当事者が開発した方法で，英語圏では広く知られた方法です。ただし，この指導がなじまない生徒もいます。

このような生徒に

前ページに引き続き、文字（記号）と音が一致するように音素を教えます。母音，母音＋母音，子音，子音を重ねた音など，順番に少しずつ指導します。ポイントは，一つの文字に対して，音がいくつもあることを理解させ，覚えさせることです。これらのベーシックなルールが定着しなければ単語を読めるようにはなりません。

アイデア 2　フラッシュカードを使って残りの音素を覚える

1. フラッシュカードを見て、音が言えるようにする

〈フラッシュカードの例〉

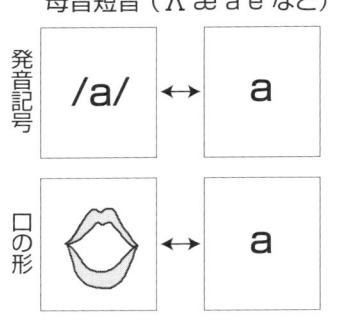

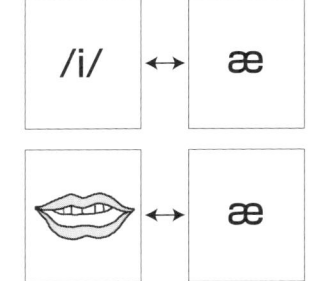

母音短音（ʌ æ a e など）　　母音＋母音（ei ɔi au など）　　子音（p b t d など）

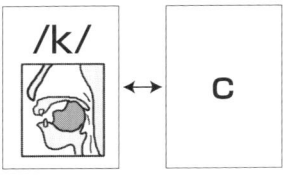

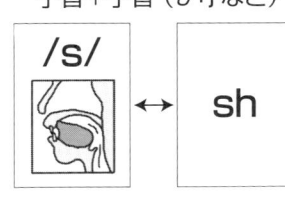

発音記号：/a/ ↔ a　　　　　/i/ ↔ æ　　　　　/k/ ↔ c

口の形：👄 ↔ a　　　　　👄 ↔ æ

子音＋子音（θ ŋ など）

/s/ ↔ sh

2. フラッシュカードを使ってゲームをする

やり方①
発音記号のカードを見て，
アルファベットのカードを当てる

やり方②
口の形のカードを見て音を当てる
次に文字を当てる

留意点　フラッシュカードは生徒と一緒に作りましょう。同じアルファベットでも，音がいくつもあるものはそのつど何枚もカードを作ります。このとき，アイデア1同様，その音が含まれる単語も同時に覚えていくといいでしょう。

応用　最初は母音と子音から始め，次によく使われる「母音副音」や，「接頭辞」「接尾辞」など，分類して音と口の形と文字を覚えます（［pl］［ck］など）。

1 LDへの支援〔英語〕
単語やつづりが覚えられない

このような生徒に

アルファベットや，それぞれの文字が表す音を覚えても，単語となると理解がむずかしい生徒が多々います。理解しづらいことの背景にある要素，たとえば音韻理解はどうか，アクセントやイントネーションの理解はどうか，視覚的短期記憶や聴覚的短期記憶はどうか，学習スタイルはどうかなどをみながら，覚え方の指導方法を変えていきます。

アイデア1　1モーラの単語から覚える

〔S＋Vで単語を覚える〕

① 音とつづりの学習（P36参照）
「ｃａｔ（キャット）」「C(シー)・A(エー)・T(ティ)」「ｃａｔ（キャット）」などと言いながら，クッキーや粘土で作った文字を使って単語を作ります。

② 触覚刺激等を利用して記憶を強化する
平たいタッパーウェアに砂を入れたものや，サンドペーパー（1000番以上）などの上に，指先で単語を書いて覚えます。
聴覚型の学習が優位な場合は，フラッシュカードを見せながら，口頭で単語を繰り返させます。アクセントのある箇所で手を挙げるなど，動作を取り入れるとよいでしょう。

③ SとVを分けて覚える
「生活まわりの基本的な単語」を「S＋V」の基本文型で覚える，がコツです。形・色・動物・身の回りの物などのうち，どれがS（名詞）に入るかといった具合に覚えます。

〔音素の足し算・引き算〕

① atに1文字足してできる言葉は？
　bat, cat, fat, hat, mat, rat

② /pl/ が頭につく言葉は？
　play, place, placard, platform, please

③ 1文字引くと何になる？
　cat → at

　フラッシュカードや粘土等の文字を使ってこのようなゲームをする

〔留意点〕音のまとまりで単語を覚えます。意味の関連が強い場合，例えばrightが完全に定着するまでleftを教えないほうが効果的な生徒もいます（ただし，friend, friendlyなど，一つの単語の変化は同じ語彙とみなすことができます）。

〔応用〕教科書とは順番が異なりますが，英語の動詞の現在形・過去形・未来形といった基本変化を同時に教えたほうが，関連づけられて覚えやすい生徒もいます。

このような生徒に

英単語を覚えるための単語帳を工夫しましょう。ただし，ここでいう単語帳は「市販されている単語カードに書く」という意味ではありません。その生徒の学習スタイルを踏まえた単語帳を作ります。

アイデア 2　単語帳の工夫

学習スタイルに合わせる

視覚型学習スタイルが優位な場合は従来通りの単語帳でいいのですが，聴覚型学習スタイルの生徒には，ICレコーダーで「C（シー）／A（エー）／T（ティ），cat」と録音させて記憶させるなど工夫しましょう。運動型学習スタイルが優位な生徒には，本人が体を使って覚える様子などをビデオ等で録画し，それを見ながら実際に体を動かして覚えるという方法もあります。

聴覚型学習　c, a, t…　cat

視覚型学習　単語カード

使用頻度や重要度に応じて優先順位をつける

まずは基本となる1モーラの単語から覚えます。語彙と一緒に短文を添えると［その単語の使い方］も練習できて生きた単語帳になります。
principal, principle, attack, attach など，意味が関連する語やつづりが似ている単語は，一緒に覚えると，かえって記憶が混乱するので注意します。

運動型学習　エー！、シー、…

携帯電話の活用

わざわざICレコーダーやビデオを買うまでもなく，これらの機能は携帯電話に備わっていますので，それらを生徒自身に有効活用させる方法もあります。

留意点　LDの生徒に最後まで残る問題は流暢性（読んだり書いたりするときのスピード）と言われています。読む量が増えれば増えるほど，スピードの遅さが学習の妨げになります。このとき，語彙力があれば，前後の文脈から意味を推測できるようになり，読みを助けます。LDの生徒にとって使用できる語彙が一つでも多いことはとても大切なことです。

1 LDへの支援〔英語〕
聞く力・話す力をつける

このような生徒に

LDがある生徒で聴覚処理が優位な場合は，英語を聞いて覚えることは得意な可能性が高いので，聞く力をまず先に育てます。例えば本人が興味を引くような音楽（ヒップホップなど）などを使いながら"英語音"をシャワーのように聞かせて，語彙と文法と音を結びつけ，屋台骨となる語彙力と文法（基礎的な構文）の力を鍛えることが大切です。

アイデア1 耳から文章を丸暗記する（聴覚処理が優位な場合）

語彙力や文法力は英語学習の基本です。聴覚処理が優位な生徒には，書いて覚えさせるよりも耳から文法の構造や単語を入れることのほうが学習効果が高くなる可能性があります。

① 英語を聞いて，同じように言う
　1文ずつ始めます。S＋V，S＋V＋O，S＋V＋Cなどの文型にのっとりながら，耳で聞いたものをそのまままったく同じに繰り返します。和訳も一緒に言うことがポイントです。

② つづりを言う
　意味が言えるようになったら，「"I run." 私は走る。アイ（I）・スペース・アール(r)・ユー(u)・エヌ(n)・ピリオド」と，文を構成している単語のつづりと句読点も口頭で言います。難易度が上がり，最初はむずかしいかもしれませんが，語彙のつづりの練習にもなり，結果として記憶が強化され，聞く力がつきます。

③ 会話の練習をする
　基本文型や語彙力が少しずつつき，聞くことに慣れてきたら，早めに会話の練習を始めます。耳で聞いたことを，すぐに言い変える練習です。「"I run."これと同じ文型を3つ言ってみて」というように指示します。このタイプの生徒には耳で聞いたらすぐに会話に応用，という学習方法が定着しやすいでしょう。

留意点 LD傾向がある生徒に対しては，まずは日本語での指導（音韻の理解，ひらがなや漢字の読み・書き，語彙力，文法力をつけるなど）を行い，言語の土台をつくることが先決です。母語での読み書きが苦手なままでは，第二言語の習得の効果は上がりにくく，かえって学習の意欲を下げてしまう可能性もあります。

このような生徒に

LDがある生徒で視覚処理のほうが優位な場合は繰り返し聞く力の練習をするばかりでは英語の学習が進みません。会話が聞き取れなかったり，聞いても言葉の意味がすぐにわからなかったりするためです。視覚処理が優位なLD傾向や自閉症スペクトラム傾向の生徒には，語彙力と文法力を先につけることが，聞く力や話す力を支えます。

アイデア 2 語彙力と文法力で聞く力の土台をつくる（視覚処理が優位な場合）

① 語彙力をつける
多感覚指導（マルチセンソリー）で，アルファベットの指導から単語の指導まで行ってください（P34〜35参照）。

② 文型を覚える
語彙力をつけるのと同時に，教科書の順番とは関係なく，早い段階で5文型を教えます。このときも，粘土等で作った文字を使ったり，砂の上に書きながら文型を教えると，視覚優位の生徒には定着しやすくなります。

③ 基礎的な文法を覚える
SやV，OやCにどういう単語がくるかという基礎的な文法から指導します。最初はS+V（現在形）から始めるとよいでしょう。S+Vの文法が定着するころから，ヒアリングもS+Vに特化して始めます。

④ 記憶を強化する
ノートに書くときに，匂いペンや色ペンなどを多用することで，記憶を定着しやすくします。「S+V」と聞いて，頭の中で「青＋赤」などと思いだせるようになることがねらいです。生徒本人が記憶しやすいように，方法は自ら選択させてください。

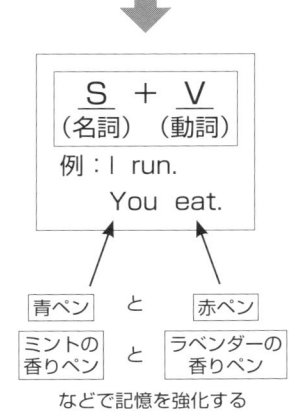

```
5つの文型
S＋V
S＋V＋O
S＋V＋C
S＋V＋O＋O
S＋V＋O＋C
```

↓

```
S ＋ V
(名詞) (動詞)
例：I run.
    You eat.
```

青ペン と 赤ペン
ミントの香りペン と ラベンダーの香りペン

などで記憶を強化する

[応用] 基本文型や語彙力がある程度つき，聞く力が少しずつ育ってきたころから会話を始めます。自分の中に貯蓄された基本文型と語彙を使って，単語を入れ替えることで言いたいことを言う練習をします。例えば，I run. / I eat. / I cry. / I laugh. など。その際，「I（S）は青」「laugh（V）は赤」など，本人が学んだ方法でチェックする習慣をつけることもやってみてください。

1　LDへの支援〔英語〕
読む力・書く力をつける

このような生徒に

生徒の学習スタイル，記憶や情報処理，認知面の偏りなどの基礎的なパターンをまず踏まえ，その生徒の優位性を見ながら指導を行うことが大切です。ただし，生徒の認知がどのようなパターンであれ，教える手段が異なるだけで教えるべき内容は変わりません。まず，語彙力と文法力を高めることです。

アイデア① 読む力・書く力に焦点化して強化する（視覚処理が優位な場合）

① 声に出して読む→写す→和訳を書く
　基本の文法を理解したころから，簡単なS＋Vの文型がのっている本（幼児用の絵本など）を使って「声に出して読む」練習をします。次に「読んだら写す」，さらに「和訳を書く」，ここまでをセットで行います。

② 本の内容を日本語でまとめる
　①で逐語訳までができたら，読んだ内容をまとめて日本語で書く練習をします。日本語の書字が困難な場合は口頭で説明します。絵本なら絵本のあらすじを，教科書だったら1ページごとに行います。

③ まとめた内容を英語で書く
　②がある程度できるようになったら，読んだ内容を英語でまとめてみます。大事なことは，基本文型と知っている単語を使って，読んだ内容を少しでも書いてみることです。

④ 作文の練習をする
　作文は「事実を伝える文」の練習から始めるとよいでしょう。見たこと，体験したことを英語に置き換える練習をします。

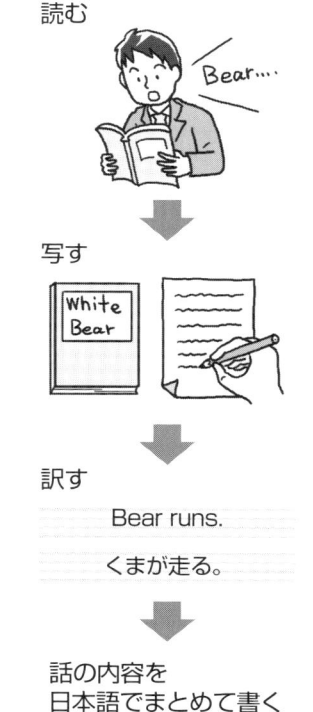

読む
↓
写す
↓
訳す
　Bear runs.
　くまが走る。
↓
話の内容を
日本語でまとめて書く
↓
英語で書く

[留意点]　作文では，見たとおり，聞いたとおり，体験したとおりに書きます。いきなり英語で文章を書くのはむずかしいときは「日本語で事実文を書き，それを英訳する」などのスモールステップで行います。日本語の事実文を書くこともむずかしい場合には，フローチャートやマインドマップ（©トニー・ブザン），マトリックスなど，表や図を使いながら，まずは日本語の作文の練習をしてください。

このような生徒に

聴覚処理が優位な場合は，ある程度語彙力がつき，基本文法を理解してから，読んだり書いたりするという視覚型の学習に取り組みます。事前に耳から多くの単語や構文を聞かせ，頭の中に単語や文法のストックを作っておきます。「読み」「書き」の練習は，音素を覚え，子音のつながりをセットで覚え，単語の読み方の基本をある程度マスターした後に行います。

アイデア ② 耳で覚えてから，読み書きのスキルをつける（聴覚処理が優位な場合）

① 読みの手がかりとなる音の記憶をつくる
　動詞の変化や基本的な文型などが事前に耳から入っていると，読む力が弱くても「前後の単語」や「文字の並び方」などから「推察」することができるようになります。この土台となるのが，「音素」の理解であり，「音を足したり引いたりする力（音韻操作の力）」です（P38参照）。

② 声に出して読み，和訳する
　①がある程度できたら，簡単な文型が載っている幼児用の絵本などを使って，「声に出して読む→読んだ内容を口頭で和訳する」を行います。

③ 作文の練習をする
　②を徹底したあと，自分が見たこと，聞いたこと，体験したことを，そのまま口頭で英語に置き換える練習をします。

④ 本の内容を英語で言う
　③ができるようになったら，もう一度読んだ本に戻ります。「和訳した文を，口頭で英語に置き換える」の練習です。

⑤ 本の内容を英語で書く
　④で口頭で言った「読んだ内容」を，英語で「書いてみる」練習をします。

シャワーのように英語を聞く

読む　Bear....

訳す　くまが…

英作文の練習をする　I watch TV.

本の内容を英語で言う

本の内容を英語で書く

留意点　基本は，「視覚処理が優位なら先に読ませる・書かせる，聴覚処理が優位なら先に聞かせる・話させる」。そのうえで，短期記憶はどうかといったことを踏まえながら，読んだ内容を自分の言葉で置き換える訓練を，書いてやるのか，口頭でやるのか検討します。視覚や聴覚の短期記憶が苦手な生徒こそ，前後の文脈などから意味や品詞を予測する習慣をつけさせておきましょう。

② ADHDへの支援
思春期のADHDの支援

1．身体の発達と心の発達

　思春期は，身体も心も子どもから大人へと育っていく年代です。身長が急速に伸びて早々と親を追い抜き，体重も増加し，がっちりとした身体に変化するとともに呼吸器・循環器が急速に発達していきます。心の発達を年齢という尺度で追っていくと，中学生になると精神面では「自分自身」の意識が鮮明になり，自分の考えを言葉に表すことができるようになって，友達同士の話題の中に入っていきます。いっぽう親子の間では，好都合のこと不都合のこと，すべてを知られているので，意見されたり言ってほしくないことを言われたりして，反抗的な言動で反発します。

　中学2，3年生の年齢になると，自分のことを客観的に述べることができるようになり，自分の言動を善悪の基準に従ってコントロールする力もでてくることがわかります。中学3年生から高校1年生にかけては，自分の感情や意欲を自覚し，責任ある行動がとれるようになり，自分とは何かの問いを発するようになります。また，学力にマッチした進路の選択ができるようになり，内面的にも，自分という存在がはっきりしてくる自己同一性というプロセスが始まります。そして大学や高校・専門学校で獲得した，何がしかの技術とかキャリアを手に社会に足を踏み入れるところで，思春期も終りを告げます。

2．ADHDの概念と症状

　ADHDには，これまで「注意欠陥多動性障害」の訳語が使われてきましたが，精神医学では，現在は「注意欠如多動性障害」が正式の訳となっています。

　ADHDは，米国精神医学会編集の『精神疾患の診断と統計のための手引第3版』(DSM-Ⅲ，1980) に初めて採録されました。このときは「注意欠如障害」として，多動を伴うもの・伴わないものの2型に分けられていましたが，DSM-Ⅲ-R (1987)，DSM-Ⅳ (1994) と変遷を経て，「注意欠如／多動性障害」と命名され，現在の診断基準になりました。症状は，注意力のなさ（注意の集中時間の短さ，注意の配分の悪いこと，気が散りやすいこと），多動（移動性多動，非移動性多動），即反応性（衝動性）が複数の場でみられることで，診断学基準に合致する下位項目が規定された数以上存在することで診断されます。

　診断の際，すべての下位項目に「……がしばしばである」という文言が付記されていることには注意を払う必要があります。つまり，いつも注意集中が悪かったり，多動であったりするわけではありません。好きなことには長時間集中して取り組みます。これら診断基準に掲載されている症状はADHDの「症状」であって，ADHDの基本障害ではありません。多くの学者が基本障害として指摘するのは，抑制力の弱さと，セルフ・コントロー

ルの悪さです。ADHDの生徒は，ふだんは生徒として守るべきルールに従って行動しています。しかし，休み時間にクラスメイトの何人かが面白そうなことをしていると，一緒になってはしゃぎだし，そうなるとブレーキが利かなくなり，授業が始まってみんなが席について静かにしているのに，本人はまだ集中できていないということになります。いつもそうですから，教師は本人が騒ぎの主犯者だと決め付けてしまうことになります。

　脳の病理としては，実行機能回路と報酬回路が機能不全を起こしているとされています。実行機能とは，事態に対してその場で対応することにブレーキをかけ，複数の対案をいわば脳のメモ帳に書き込み，その中からベストな対案を選んで実行する機能です。報酬回路は眼窩前頭皮質，前帯状回，背外側前頭前野を経て側座核に到る回路で，行動を果たすと末端の側坐核からドーパミンが放出されて本人に満足感をもたらします。ADHDではすぐ報酬を欲しがり，待つという形での報酬の遅延を嫌うとされています。

3．思春期とADHDの生徒たち

　ADHDの治療の中心は薬物療法ですが，中学生になると，2～3割の生徒が服薬の必要がなくなります。薬を使用しなかった事例でも，気に入らないことを言われたときに暴力を起こして，家で1週間くらい静かにしてから学校に戻っていたケースが，中学2年生では翌日にはほとぼりが覚めて登校するようになり，3年生では教室で我慢することが可能になります。この年代ではセルフ・コントロールの力が伸び，ついで自分自身を客観的にみられるようになるので，学校生活上の問題は軽減します。思春期以降のADHDの症状はおもに注意力に関係し，日常的にみられる多動性は消失していることが多いようです。

　その反面，服薬によって学校での勉強を維持できていたものが，服薬中断によって成績が低迷し，勉強の意欲をなくしてしまうと，同じような学力不振の生徒との付き合いがはじまったりします。こうした場合も，高校生になって自分という意識がはっきりし，自分のすべきことを自覚するようになり，ふたたび健全な学校生活に戻ることを考えるようになるのですが，そのためには学力を維持していく方策や工夫が必要となります。

　ADHDでは，しばしば反抗挑戦性障害や素行障害（行為障害）が併発します。これらは，児童期発症のものと，青年期発症のものとに分けられます。児童期発症のものは年余にわたって持続し，青年期，成人期に達し，非行に陥ることが少なくないようですが，青年期発症のものは，比較的短期間に該当症状が消失することが少なくないとされています。ADHDは，しばしばチックないしトゥレット障害を伴い，特に発声チックを伴うトゥレット障害は本人のコントロールが困難で，本人も周囲も困ってしまうことがしばしばです。

② ADHDへの支援
他者理解・自己理解が苦手

このような生徒に

相手の存在を大切にするということがよくわからなかったり，自分を好きになれず，自分を大切にできない生徒がいます。まず自分を理解し，好きになるようにサポートをしましょう。それには，自分の「誕生」に注目させます。生徒が自分の存在を大切に思えるように家族にも協力してもらい，家族の会話も増やしていきます。

アイデア ALL ABOUT ME

シートかファイルで自分についてまとめ，自己紹介する

ALL ABOUT ME	
自己紹介（好きなもの，好きな色，得意なこと，苦手なこと，好きな言葉，憧れる人など）	
生まれたときの写真	生まれたときの家族の言葉
	母
生年月日　　　年　　月　　日	父
生まれた日のニュース（日本・世界）	祖父母
自分の人生のニュース BEST3　第1位 ＿＿＿＿＿＿＿＿＿＿＿＿＿＿＿＿＿＿　第2位 ＿＿＿＿＿＿＿＿＿＿＿＿＿＿＿＿＿＿　第3位 ＿＿＿＿＿＿＿＿＿＿＿＿＿＿＿＿＿＿	

[留意点] 生徒の家庭環境に配慮し，不必要な場合は「家族の言葉」の欄をなくします。

[応用] ホームルームなどで，このシートを自己紹介のプレゼンテーションに使用することもできます。日本語だけでなく，生徒のレベルに合わせて英語でシートの一部を作成したり，プレゼンテーションを行ったりしてもよいでしょう。

人の話を聞くのが苦手

このような生徒に

相手の言ったことを最後までじっくりと聞くことが苦手な生徒に、カードゲームを行うことで、相手の話をしっかり最後まで聞き、相手の意見を受容する訓練をします。また、同じ質問に対しても色々な答えがあることで、「違うことは間違っていることでなく、ただ自分と同じでないだけ」であることを体感できるように支援します。

アイデア 「ちょこっとチャット」ゲーム

〈やり方〉
カードを引いて質問に答える

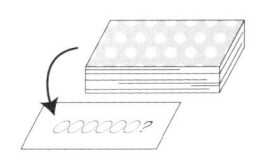

答えやすい基本の質問からトピック別質問まで内容をTPOに合わせ用意する

質問例
・自由な時間があったら何をしたいですか？
・家で一番楽しい時間は？
・意見が対立したときどうしますか？

カードゲームの問い合わせ先：NPO法人えじそんくらぶ

TRY1 聞いてもらえる安心感を味わう

・カードを引いた人が質問に答える
・ほかの人は黙って聞くことで、受け入れられている安心感を味わう

TRY2 異なる価値観や意見、感情を味わう

・一人がカードを引いたら、グループ全員がその質問に答える

TRY3 自分のコミュニケーションのパターンを知る

・カードを引いた人の答えに対して、自由にコミュニケーションをすることで、自分はどんなときに自然に話せるかを知る

[応用] カードの英語版を作成したり、オリジナルの質問をグループでつくります。ゲームを行った感想を書くことで、Q＆Aのときの自分の振り返りやセルフモニタリングの強化になります（例：評価しないで聴くのがむずかしかった／いろいろ質問したくなったなど）。面接の練習としても使えます。

2 ADHDへの支援
感情がコントロールできなくなる

このような生徒に
感情のコントロールが苦手な生徒は，ストレスを受けると，衝動的に何か言ってしまったり，反射的に相手をたたいてしまったりすることがあります。自分に合ったストレス発散法を身につけるため，フローチャートを作成します。その生徒にあったオーダーメイドのストレス発散のやり方をフローチャートにして，ふだんから壁などに貼っておきましょう。

💡 アイデア　フローチャートを作ろう

ストレスのスイッチが入るのはどんなとき？
1. やることが多くて嫌になる
2. 人に嫌なことを言われた
3. ＿＿＿＿＿＿＿＿＿＿＿

やる気のスイッチが入るのはどんなとき？
1. 「かっこいい」と言われたとき
2. テストの点が上がったとき
3. ＿＿＿＿＿＿＿＿＿＿＿

⬇

スイッチをOFFにしよう

- 深呼吸を6回 ➡ OK 😄
  - ⬇ まだだめ
- 切りかえことばを言う　例「大丈夫！」 ➡ OK 😄
  - ⬇ まだだめ
- その場を離れる ➡ OK　もとの場所へ戻る
  - ⬇ まだだめ
- 先生にSOS ➡ OK　先生の指示に従う

[応用]　セルフモニタリングの力のある生徒は一人でフローチャートを作成できますが，ストレスの原因が自分で分析できなかったり，クールダウンの方法がわからない生徒の場合は，1対1の面談で一緒に作成します。

目標がもてずやる気が出ない

このような生徒に

将来の夢をもつと、学校での勉強に身が入ったり、集団生活でのルールを守るようになるなど、将来に向けてしっかりやっていこうと思うようになります。やりたい職業や夢を語ることで、長期的視点や視野をもたせることが大切です。なかなかやりたいことがみつからない場合には、反対に「やりたくない仕事」を考えるといいでしょう。

アイデア 「やりたくない仕事」から考えよう

① 自由にブレインストーミングする

やりたくない仕事 → その反対は？ → やりたい仕事・憧れる仕事

② それぞれのトップ3を選び、理由も発表する

やりたくない仕事	
1位 獣医	動物がきらい
2位 教師	たいへんそう
3位 通訳	英語が苦手

やりたい仕事・憧れる仕事	
1位 警察官	やりがいがある
2位 弁護士	かっこいい
3位 調理師	料理が得意

③ アクションプランをたてる（応用）

やりたい仕事に近づくためにいま何ができそう？

いつまでに	何をする	具体的にどうする
6ヶ月後までに	体力をつける	毎日3km走る

[留意点] わからないときは、『13歳のハローワーク』（幻冬舎）などを参考にまず自由に書かせます。

[応用] 可能ならその夢を実現するための長期・短期目標とアクションプラン（実行計画）も作成します。

2 ADHDへの支援
興奮を抑えることができない

このような生徒に

ADHDがある生徒は自分の気持ちを抑えることが苦手です。冷静なときは，気持ちを抑えなくてはいけないことがわかっていても，大勢の中に入るとできません。自分で自分の気持ちを抑えるために自分なりの方法を身につけることが必要です。なるべく簡単にできる方法を身につけるようにします。

アイデア 気持ちのコントロール方法を考える

［深呼吸をする］
うるさい！ → 深呼吸しよう

［楽しいことを考える］
何だよ！オレの悪口かな → 無視して楽しいことを考えよう

［自分なりのおまじないを考える］
また注意された！ → スニーカー スニーカー

〈おまじないの例〉
・おこづかい
・買ってほしいもの
・好きなタレント

［静かな落ち着く場所へ行く］
ねぐせついてるよ直しなよー → 相手にしないで校庭に行こう…

[留意点] 生徒が興奮しそうなことに気づいたら，言語で注意するのではなく，生徒の前で深呼吸の動作をみせるなど，視覚的な働きかけをするのが有効です。

[応用] 図書室など静かな所へ行くことを勧めるのもよいでしょう。

叱られることに過剰に反応する

このような生徒に

ADHDがある生徒は，家庭でも学校でも注意されることが多く，自己評価の低下している場合が多くみられます。そのため，叱られたと感じると，入ってくる情報を遮断してしまうことも多くみられます。ほめられる体験は，子どもの成長に欠かせないものです。注意する際は，叱責ととられないように十分に言葉遣いに気をつける必要があります。

生徒の気持ちに合わせた注意を考える

① 叱られることが多い分，意識してほめる

- 最近は授業に集中してるね 以前よりずっといい感じだよ
- がんばっていると聞いたよ すごいね！

② 一方的に注意しない

- お前が悪い ×
- そうだったのか 先生に知らせてくれたらもっとよかったね
- この先生は決めつけない

③ 叱責ととれる言い方をしない

- またお前か！だめじゃないか！しょうがないやつだな！ ×
- またただなんでそんな言い方するの？

④ 続けて注意をしないための情報交換

- さっき服装のことで注意しました 反省しているようです
- じゃあ私は言わないようにしましょう

留意点 「いけない」というメッセージだけでなく，「どうすればよかったか」まで，生徒にわかる言い方を心掛けます。

応用 生徒が落ち着いてきたら，「すごいなあ」「こうしてくれると，もっとうれしかったよ」などと，前向きな働きかけをすることは有効です。

2 ADHDへの支援
友達ができにくい

このような生徒に
友達の気持ちを理解できず,自分の気持ちを伝えられない生徒が多くみられます。本当は友達がほしいのですが,どうかかわったらよいのかわかりません。友達からは,「変わっている」と思われ,"からかい"や"いじめ"の対象になることもあります。本人は友達ができたつもりでも,相手はそう思っていないこともあります。

アイデア 友達と仲よくする4箇条

話す前に,まずあいさつ

- おはよう
- やぁ！
- 元気？
- バイバイ

いきなり話し始めない／笑顔であいさつ

相手が話しているうちは,しゃべらない

いまはがまん ぼくの話は次！
きのうねーそれでさー

途中で話すときは,相手の許可を得る

相手の話を聞く努力

アイドルの××が昨日のTVで…
××って知らないけどもう少し聞いてみよう
あと5分は相手の時間！

時計を目安にする

相手を見て,相づちを入れながら聞く

○ 相手のほうを見る
× よそ見をしない

ヘーそうなんだーそれでどうしたの？

うなずいたり,相づちを入れる

[留意点] 生徒がかかわり方を自然に身につけていくことはむずかしく,周囲の大人が具体的に教えないとわからないことが多いので,場面ごとに教えていきます。

[応用] 自分が嫌なことは相手も嫌なこと,自分は興味があっても相手は興味をもたない場合があることを,理解できるようにしていきます。

環境の影響を受けやすい

このような生徒に

ADHD の生徒は，一度に多くの情報が入ると情報処理がうまくいかず，混乱することがみられます。学校では，教室など多くの生徒がいる空間では混乱をきたしやすく，少数の生徒がいる静かなところでは落ち着いています。このことに本人が気づいていないことはめずらしくありません。

💡アイデア 落ち着いた環境を用意する

前方の席にする

よけいな情報が入らず黒板と先生にだけ注意がいく
生徒本人に落ちつく位置をたずねてもよい

教室内の刺激を減らす

1. 黒板まわりはシンプルに
　スッキリ

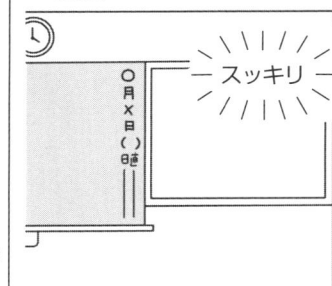

2. 気をそらすものは隠す
　カーテンを閉めて外を見えなくする
　ついたてを置いて物を隠す

折り合いの悪い友人と離す

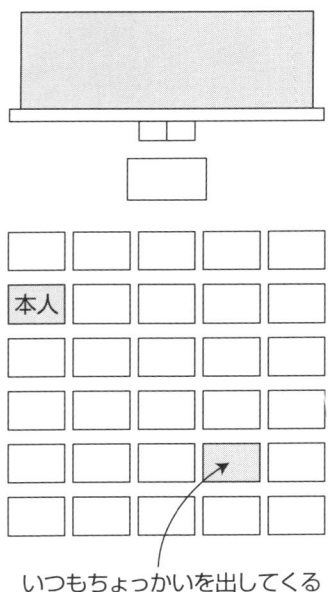

本人

いつもちょっかいを出してくる生徒

ホームルームだけでなく，理科室，音楽室，美術室，技術家庭科室，実技室，パソコン室などでも同様な配慮が必要です

[留意点] 生徒にかかわる多くの先生方から情報を得て，どういう環境だと落ち着くのか，前もって確認しておく必要があります。

[応用] どういう環境だと落ち着けるのか，生徒本人に自覚させることも大切です。環境だけでなく，接する人によっても大きく状態が変わることがあります。

② ADHDへの支援
興奮すると暴言・暴力が出現する

このような生徒に

ふだんから暴言や暴力で注意を受け続けていると，ちょっとした契機で，本人にも暴言や暴力が出やすくなります。生徒は後でそのことを思いだし，「また失敗してしまった」と落ち込むこともめずらしくありません。なるべく早く落ち着いてもらうことが大切です。

アイデア① 落ち着いてから「どうしたらよかったか」を話し合う

① いきなり叱らない
「ちょっと！ストップ」

② その場から離れさせる
「保健室へ行ってらっしゃい　落ち着いたら先生が行きます」

③ クールダウン

④ どうしたらよかったかを話し合う
「気づいたら口から出ちゃった…」
「イライラしてたのね　でも，相手はびっくりしてたよ　もっとほかの言い方はなかった？」

[留意点] 暴言を言ってしまって困っている生徒を叱責するのではなく，生徒の気持ちに寄り添う姿勢をとります。

[応用] 「この前より早く落ち着けたね」「この前よりは我慢できたね」などの声かけは，自責感の軽減に役立ちます。

このような生徒に

暴言や暴力が続いている生徒は，自分でも「またやってしまうのではないか？」「また叱られるのではないか？」と不安を募らせている場合が少なくありません。多くの場合，生徒は気持ちや状況を言語化することが苦手で，「いつの間にか，暴言・暴力が出た」と訴えます。暴言・暴力が出現する前の段階で，未然に防ぐ方法を考える必要があります。

アイデア② 暴言・暴力の前の段階で解決を図る

イライラを言語化する

- 先生、なんか今日だめーぜんぜんうまくいかないイライラする
- 早くに教えてくれてよかった　別室へ行こうか

自信のあることをつくる

- 好きなこと，得意なことには没頭できてストレス解消になるし，自信ももてる

話のできる友人をつくる

- 茶道部
- 部活には仲間がいる

自分の特徴を考える

- なんでいつもキレちゃうのかな？
- 考えてみよう

・どんなときにイライラするのか
・イライラすると自分はどうなるか
・１週間を振り返ってみる
・自分のいいところ，できるところを探す

[留意点] 言葉で言えたことをほめるには，シールを貼る，一緒に黒板に書く，ノートに書きだす，カードにするなど視覚化することも役に立ちます。

[応用] 「いろいろとうまくできないこともあるが，自分にはいいところもある」と生徒に長所を自覚させることは，暴言・暴力の減少につながります。

2 ADHDへの支援
必要なこと・ものを忘れてしまう

このような生徒に
ADHDがある生徒は，短期記憶を保持しておくことが苦手で，ちょっと前に考えていたことや覚えていたことを忘れてしまいます。「わかりました」と返事しても，すぐに忘れてしまうために，「嘘をついている」「反抗している」と誤解されることもあります。このことは，成人になっても続くと考えられています。

アイデア　忘れない・なくさない工夫

すぐやる習慣
・もらったプリントはすぐしまう
・すぐ連絡帳にメモする
・頼まれたことは後回しにしないで，すぐに実行する

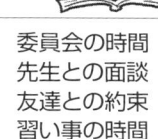

タイマーを活用
委員会の時間　部活の時間
先生との面談　放課後の時間
友達との約束　学習会の時間
習い事の時間　帰宅の時間　など

いつも同じ所に戻す

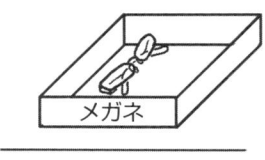

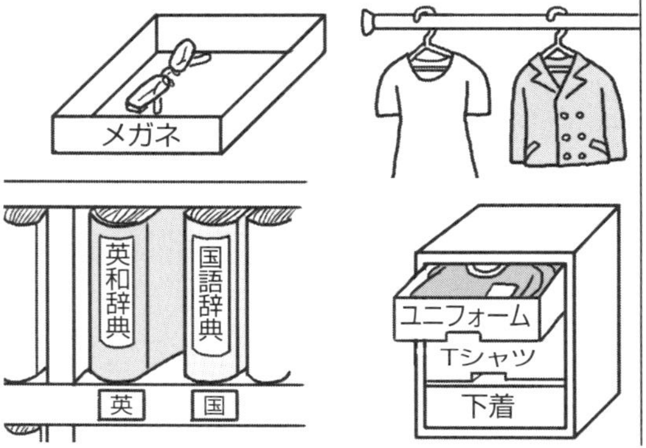

身近な所に置く
首からかける
ポーチにまとめる
ポケットに入れる

[留意点] 生徒が忘れないでうまくできるやり方を話し合う必要があります。
[応　用] 生徒が自分なりにその克服法を身につけている場合は，成人になってもうまく社会生活を送っていけるようになるでしょう。

スケジュールの実行が苦手

このような生徒に
ADHD がある生徒には，短期記憶や時間処理の困難があるという考え方があります。そのため，順番や時間に沿って行動する，予定通りの行動を設定するなどが苦手です。また，ちょっと前に憶えていた予定を忘れることがあります。このことは，社会生活を送るうえで大きな障害になることがあります。

アイデア スケジュールを忘れない工夫

起床時確認
朝起きたら，その日の予定を確認する
（今日の予定は…月曜の時間割だから…放課後は…夜はドラマが…／録画予約しなくちゃ）

退室時確認
部屋を出るときに，忘れたことがないか確認する
（ここへ来た目的は…忘れものは…次に行くところは…）

新しい予定はその場で書く
メモや手帳がない場合は，手の甲などに書く
（文化祭前の予定を言います　いつもの集合場所と時間が変わります）

カレンダーにまとめる
予定ごとに色分けして書くと効果がある

留意点 予定を確認する習慣をつけることは，スケジュールの実行に有用です。

応用 このような行動を続けることは，将来の出来事の予測，見積もり，効果的な応用力の充実につながります。

2 ADHDへの支援
聞いたこと・見たことをすぐ忘れてしまう

このような生徒に

人間関係で重要なのは双方向のやり取りですが，相手の話に集中して内容を正確に聞き取れなかったり，メモを正確に取れなかったりして，トラブルになる生徒がいます。会話中，自分と相手の気持ち，話した内容を，正確に同時に覚えるのは作動記憶（作業記憶，ワーキングメモリ）の働きです。聴覚的・視覚的な作動記憶を，ゲーム感覚で強化します。

アイデア　作動記憶を強化するゲーム

伝言ゲーム

〈対象〉
聞いたことをすぐ忘れてしまう生徒。
口頭での教師の指示や級友の話にも上の空で，集中して聞くのが苦手な生徒がいます。人の話を正確に聞きとる練習により，内容を正確に記憶することが徐々に可能になります。

〈やり方〉
① 4〜6人グループをつくる
② 初めの人が適当な2語文を言う
③ 次の人が1語加えて，3語文をつくる
④ 同様に繰り返す
　6人目では7語文になっている

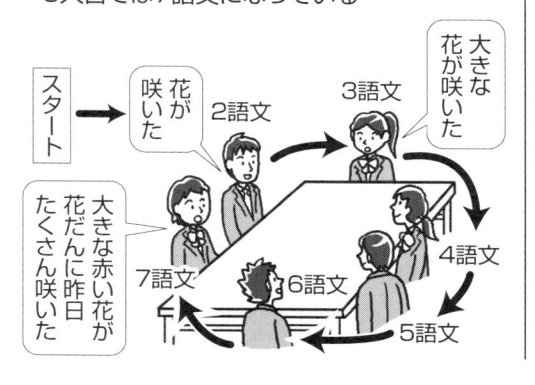

模倣しよう

〈対象〉
見たことをすぐ忘れてしまう生徒。
視覚的な作動記憶が悪く，見たものを細部まで記憶しておくことが苦手な生徒がいます。絵や図の内容を正確に覚える練習をします。

〈やり方〉
① 見本となる絵や図を，30〜90秒間，生徒に提示する
② 生徒は見本を見て，記憶する
③ 見本を見ずに，その絵や図形を再生する
　（選択肢から同じ図形を選ばせたり，思い出して同じ図を書いたりする）
④ 次第に課題の難易度を上げていく

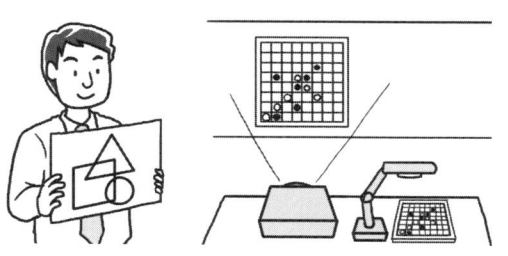

[留意点]　「模倣しよう」ではオセロやパズル，囲碁などの図形を見せて，同じ形を作る方法もあります。次ページの「ふれあい囲碁7」も活用できます。

同時に2つのことができない

このような生徒に

ADHDがある生徒は，相手の気持ちがわかっていても，そのことを考えるのを忘れてしまいます。そこで，オセロや囲碁・将棋など1対1のゲームで，自分と対戦相手の視点を行き来したり，同時に考えたりする練習をします。ゲームでは，過去・現在・未来の因果関係をしっかりと考えたり，衝動的にならないようルールを決めて行うことが大切です。

アイデア　ふれあい囲碁7

ふれあい囲碁7とは

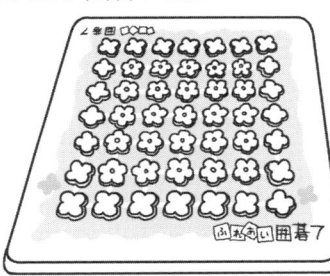

- 使いやすくデザインされた，囲碁セットです。
- 碁石は立体的な花形のカラフルなコマで，視覚障害があっても手で触っただけでも区別がつきます。
- 碁盤（7路盤）は草原のイメージでつくったグリーンのパットで，コマは穴に埋め込むようになっています。

問い合わせ先　NPO法人えじそんくらぶ
http://www.e-club.jp/adhd/goods/3478.html

〈遊び方〉
① 2人組でジャンケンをして，先攻・後攻を決める
② 「お願いします」のあいさつで試合開始
③ 囲碁と同じルールで，交互にコマを置いていく
　先に相手のコマを囲んで1つでもとったほうが勝ち（3つとったら勝ちとしてもOK）
④ 勝負が決まったらコマを片づけ，「ありがとうございました」とあいさつ

〈コマを取れるときの例〉

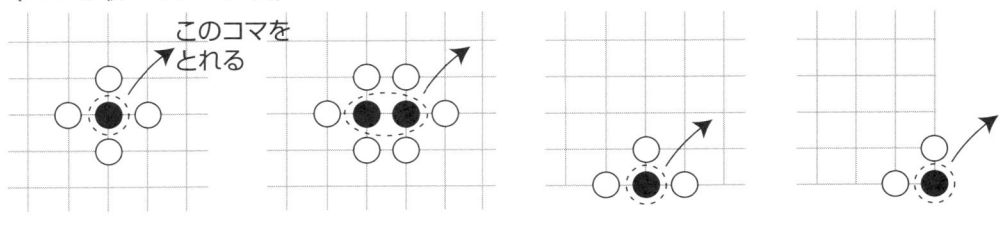

1つ囲んだ場合　　2つ囲んだ場合　　盤の端の場合　　盤の角の場合

[留意点]　「ふれあい囲碁7」は，9路盤で行う「ふれあい囲碁」の発案者である囲碁棋士の安田泰敏九段監修で，発達障害の子どもにより使いやすいように考案されたものです。短期間で多くの人と対戦できるので，囲碁やオセロが長時間できない子にも効果的です。またこのゲーム板では，四目並べやはさみ将棋もできます。

② ADHDへの支援
セルフエスティームが低い

このような生徒に

自分のいいところや得意なことに気がつかず，自信を喪失したり，軽いうつ状態になったりして，自分へのマイナス思考が蓄積されていく生徒がいます。そのようなときには，自分ができる簡単なことで，人に感謝される体験をすると，自信が自然にわいてくることがあります。

アイデア① 人のためになにかをやろう！（個人でのプチ貢献）

STEP❶ 自分が得意なこと

STEP❷ ①を生かして人のためにできること

STEP❸ ②の中で実現できそうなこと
（STEP②の内容を練り込んでより具体的でできそうな内容にしていく）

STEP❹ 具体化しよう！！

| 何を | いつ | どこで | どれくらい（回数や日数） |

達成感（やり終えた感想）

[留意点] 得意なこと，できそうなこと，簡単なことで，人のためにできることを考えます。ブレインストーミングとアクションプランで考え，実行していきます。

[応用] クラス，学年，学校単位でボランティア週間や月間のイベントとしても活用できます。

このような生徒に

一人ではできなくてもグループで得意なことをほかの生徒と協力することで，貢献することができる子もいます。すべてできなくても協力して自分の分担を誠実にこなすことで大きな結果や達成感を得ることがあります。場合によっては，感謝の手紙を書いていただくようにお願いしておくのもよいでしょう。

アイデア② 人のためになにかをやろう！（グループでの貢献）

STEP❶ アイデアを練る

〈個人でのプチ貢献でやったこと〉

名前	やったこと
Aさん	
Bさん	
Cさん	
Dさん	

〈グループでやること〉

何を

だれに

STEP❷ やることリストをつくる

（時系列に並べる）
1
2
3
4
5
6

STEP❸ 分担表をつくる

名前	Aさん	Bさん	Cさん	Dさん
担当（リストの番号）	1, 4, 6			
仕事				
メモ				

達成感
（みんなの感想）

留意点 前ページの「個人でのプチ貢献」から，より準備や計画性，連携を必要とするグループでのボランティアにつなげます。

応用 地域で感謝されるようなことを実践します（公園の清掃，老人ホームなどでのボランティアなど）。みんなで同じことをする場合は，時系列のやることリストの作成で役割分担します。

3 PDDへの支援
思春期のPDDの支援

1．PDDの概念

　広汎性発達障害（PDD）は，胎生期から3歳ごろまでに起こる脳障害です。これは，脳の形成と関係のあるいくつかの遺伝子によって，脳ができあがっていく過程で起る僅かな瑕疵によるもので，その頃までにPDDの基盤がつくられます。3歳以後は，家庭等での養育や学校教育によって，症状は改善の方向に進んでいきます。他方，思春期は波乱含みの年代で，危機的状況を伴って展開していく自己の意識や自覚的活動を乗り超えながら，成人の精神生活，社会生活が結実していきます。こうした経過の途上では，心の理論の獲得の困難や，実行機能の障害，中枢性コヒレンスの弱さなど，PDD独自の精神的特性によって，さまざまな病的状態や対処困難な行動が出現します。

　PDDは広汎性発達障害（Pervasive Developmental Disorder）の略で，自閉性障害，アスペルガー症候群，特定不能の広汎性発達障害（PDD-NOS）などに分けられます。これらを総称して「自閉症スペクトラム」と言うこともあります。「社会的相互関係の質的減弱，コミュニケーションの質的減弱および行動，興味，活動の反復的・常同的パターンという3領域の症状が3歳以前から始まっていること」という基準に従って診断されます。

　PDDは発達障害の1つとなっていますが，"developmental disorder"は本来は「発達性障害」と訳されるもので，発達期の障害を意味し，発達の障害ではありません。PDDの子どもは，身体的発達はもちろん精神的発達も年齢相応に進んでいきます。少し詳しく観察すれば，PDDの子どもに見られる行動上の変化は，一般の子どもに起こる特定の能力の急伸とほぼ同じ年齢で起こってきているのがわかります。就学を前にした年齢の子どもが連れ立って行動するように，PDDの子どももその周辺にいて一緒に行動します。子どもが意図的に勉強するようになり，宿題比べに参加するようになる小学校3年生では，かなり重症なPDDの子どもも，授業中に先生が出す課題に取り組むようになります。

　中学受験のための進学教室に通う生徒の中には，能力の高いアスペルガー症候群やPDD-NOSの生徒もおり，私立中学を受験・合格して一般の生徒と同じように勉強やクラブ活動に励んでいます。一般の子どもに見られる思春期の身心の変化は，PDDの子どもにもほぼ同じ年齢で起こっています。

2．思春期とPDDの生徒たち

(1) 思春期の自己意識の発達とPDD

　PDDの青年も一般の青年と同じように，まず自己意識が鮮明になり，ついでセルフ・コントロールの力もついてきて，自己という存在をはっきり自覚するようになります。そ

して，そのような自分として，自分自身を将来に向けながら，自己同一性の確立，自己固有の達成等のプロセスを進んでいきます。しかし，これがスムーズに経過せず，PDD独自の認知特性によって，学校生活でのトラブルが起こることも少なくないようです。相手の気持ちを思い浮かべながらの会話ができず，自分の気持ちだけを前面に出して相手を困惑させたりします。異性を意識した際に，いろいろな角度から考えて適切な時期を待つという形で実行機能が働かず，相手への配慮が欠けたまま直接アプローチをしたり，夜遅く相手に電話をして，先方のクレームに応じた両親が夜間の電話を禁じると，コンビニに行って電話するなど，自分が非難されている行動の意味が理解できないでいます。

軽い知的障害を伴う場合では，親が本人に，複数の言い方で複数の事柄を注意すると，本人は部分的注意を全面的禁止と受け取ってしまい，反撃行動として母親に掴みかかったりします。中学生の年齢のこの種の反撃行動は，親や教師を当惑させます。

(2) 精神医学的併発症

思春期のPDDでよくみられる精神科合併症はうつ状態で，抗うつ薬の服用が必要なことも多いようです。強迫性障害の併発も少なくありません。これは家庭や日常的にPDDと対応する現場でよく使われる「こだわり」とは別で，地面に落とした時計が汚れたと感じて新しい時計を購入することを親にせびったり，退職した職場の社員番号と同じ数字の時刻に発着する電車に乗るのを避けるために，新しい職場の出社に遅刻したりします。

自己意識が鮮明化するこの年代では，統合失調様の注視念慮や関係念慮が出現することもあります。これは，いったん向けた注意を別の方向にずらすことが困難だというPDDの認知特性に裏打ちされたもののようです。注視念慮や関係念慮は一過性に出現するだけですが，それとは別に統合失調症が始まることがあります。パニック障害や解離性障害も出現します。パニック障害のパニックとは，PDDの際によく使われるパニックとは別で，身体症状，動悸，胸痛，息つまり感，腹痛，発汗など，自律神経性の症状をもたらす発作性不安を言います。こうした際には，電車の中や駅の階段など，人が大勢いる場所を恐れるので，外出もできません。思春期の学生ならば，学校の前まで来ても校門がくぐれない，教室の中へどうしても入れないという状態です。これらの症状は意識過剰によるものですが，解離症状では，起立・歩行の困難，皮膚感覚の消失，視覚・聴覚の障害，突然の外出，他人の名前での行動が現れ，回復後に記憶が残っていないなど，本人の意識と本人の言動が別々になっているのが特徴です。また，女子では摂食障害もみられます。物事を別の視点から見るのが困難なPDDですが，「太ったりしないよ」と言うだけで，肥満恐怖が収まってしまうこともあります。

3 PDDへの支援
語彙が少ない

このような生徒に

示されていることのどれが重要かわからない，部分から組み立てられた全体がわからないということがありますが，それは言葉の意味理解が弱いためです。知っている一つの単語に物や事象をあてはめていくだけなので，概念としての言葉をうまく使えないのです。学校生活で必修になる言葉を教え，学習した言葉を使って話し方のスキルを向上させます。

アイデア① 日常生活の中から学ぶ

名詞で概念形成

① ○○の仲間

- 野菜：キャベツ，にんじん，タマネギ，トマト，大根，ほうれん草，インゲンなど
- 果物：リンゴ，ミカン，ザクロ，モモ，バナナ，イチジク，サクランボなど
- 乗り物：新幹線，地下鉄，電車，バス，タクシー，モノレール，飛行機，船など

② ○○の数え方

人	ひとり，ふたり，三人	鳥	○羽
生き物	一ぴき・二ひき・三ひき	牛やくじら	○頭
物	○本／○枚／○冊	靴	○足
家	○軒（一棟）	洋服	○着

ウェビングで語彙量を確認

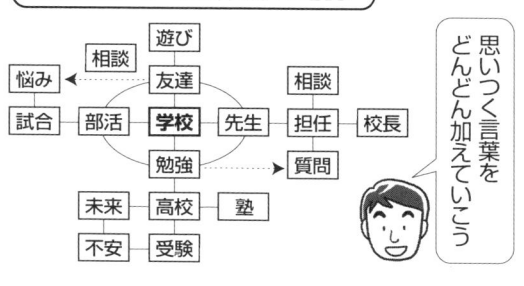

悩み ← 相談 ― 遊び ― 友達 ― 相談 ― 担任 ― 校長
試合 ― 部活 ― **学校** ― 先生
　　　　　　勉強 → 質問
未来 ― 高校 ― 塾
不安 ― 受験

思いつく言葉をどんどん加えていこう

慣用句と身体の名前

身体を表す言葉も身近なものです。慣用句には身体の一部分の名前を用いたものが多いので，あわせて覚えやすいでしょう

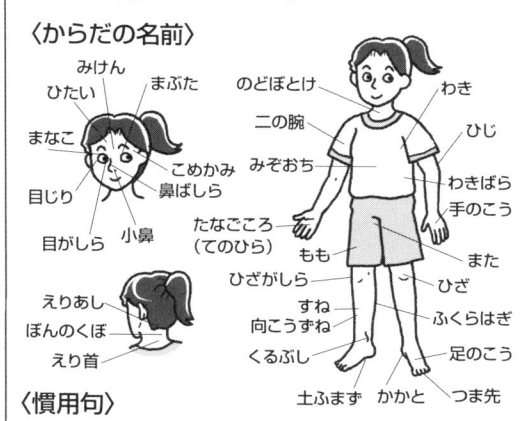

〈からだの名前〉

みけん，ひたい，まぶた，まなこ，こめかみ，目じり，鼻ばしら，目がしら，小鼻，のどぼとけ，二の腕，みぞおち，わき，ひじ，わきばら，手のこう，たなごころ（てのひら），もも，また，ひざがしら，ひざ，えりあし，ぼんのくぼ，えり首，すね，向こうずね，くるぶし，ふくらはぎ，足のこう，土ふまず，かかと，つま先

〈慣用句〉

1. 頭を抱える ―― 困って考えこむ
2. 顔に泥を塗る ―― 恥をかかせる
3. 目と鼻の先 ―― すぐ近く
4. 口をはさむ ―― 言葉を差しはさむ
5. 鼻を折る ―― 相手に恥をかかせる
6. 肩を落とす ―― しょんぼりする
7. 手も足も出ない ―― なんの手段もない
8. 腕を磨く ―― 実力を高める
9. 足をひっぱる ―― 他人や仲間の成功や進行を妨げる

[留意点] 花＝チューリップなど，単純にとらえていることがあります。言葉のイメージが広がるようにします。辞書・図鑑・写真集などで調べると理解しやすいでしょう。

[応用] 学校生活で身近な課題は「助けを求める」「許可をもらう」「断り方」「忘れ物したとき」などの言い方です。これらを習得することはもっとも優先されます。絵を見ながらさまざまな言い方を練習します。

このような生徒に

経験によって自然に身についていく言葉の使用も，PDDがある生徒には，計画的に学習させていかなければ獲得することが困難です。単語を並べただけになりやすい話し方も，形容詞が使えるようになると，表現豊かになります。また，接続詞を学習することで，単語だけになりやすい途切れ途切れの言い方を改善していきます。

アイデア 2　形容詞や接続詞で会話をふくらませる

形容詞を使おう

ものの性質や状態を表す言葉を使えるようになることです。感情の表現ができるようになるまでには，いくつかの段階があります。下記の順番を参考に教えていきます

① 色（赤い・青い）
↓
② 形（長い・短い）
↓
③ 大きさ（長い・広い）
↓
④ 数量（重い・軽い）
↓
⑤ におい（くさい）
↓
⑥ 味（辛い・甘い・しょっぱい）
↓
⑦ 音（大きい・小さい）
↓
⑧ 感情（楽しい・寂しい・悲しい）
↓
⑨ 「〜な」で終わる形容動詞（おくびょうな・ゆかいな・のどかな・平和な）

接続詞を使おう

基本3種類を使いこなせるとよいでしょう

1．順接（前が条件で，後が結果のとき）
だから，それで，すると，そこで，したがって
2．逆接（後が，前の逆の結果を表すとき）
しかし，だが，ところが，けれども，でも，だけど
3．並立・累加（前と後が同列のとき）
また，および，そして，それから，なお，しかも

語頭音から言葉を想起しよう

さっと単語を思い出す練習です

テーマ　「春が近づいてきたら」

う	春を感じて最初に咲く花　→（梅）
ゆ	雪の多い地方が待っていること　→（雪解け）
う	春をつげる鳥　→（ウグイス）
さ	○○○前線という表現をする　→（桜）
そ	どこの学校でも3月に行う行事　→（卒業式）

「春をつげる鳥は？「う」で始まる鳥は？」
「う，う，う…ウグイス！」

留意点　言い切りが「い」になる形容詞の他に，「な」や「だ」で終わる形容動詞も加えてよいでしょう。さらに「〜のような○○」「〜らしい○○」という言い方でも練習すると幅が広がります。

応用　声に出して一緒に文章を読み上げることによって，語彙の獲得が促進されます。単語の習得は，カードやノートに書き，必ず意味理解と一緒に学習します。

3 PDDへの支援
話し言葉で文法的な誤りがある

このような生徒に

「あなたは何が食べたいですか？」と聞かれて，「あなたは何が食べたいですか？」とオウム返しで答えてしまうことがあります（エコラリア）。「あなた」と「わたし」のように，話の状況によって立場が入れ替わるのは，PDDの生徒にとって非常にむずかしいことなのです。正しい話し言葉を獲得させるために，1対1で基本をていねいに練習していきます。

アイデア1 立場変わると？ 「あなた」と「私」

【基本練習】

① 文の要素を正しく使えるようにする

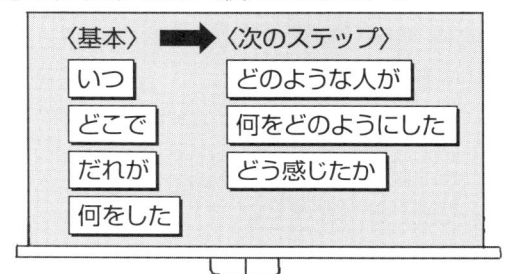

〈基本〉　→　〈次のステップ〉
- いつ　　　どのような人が
- どこで　　何をどのようにした
- だれが　　どう感じたか
- 何をした

② 文をつくる練習をする

〈方法〉
① 3〜5人グループで，「いつ」「どこで」「だれが」「何をした」の短冊をたくさんつくる
② 短冊をシャッフルし，1枚ずつ並べると，意味不明な文章になる。それを，意味が通る文章に直す

いつ	どこで	だれが	何をした
22世紀に	宇宙で	ジョンレノンが	花火をした

22世紀には宇宙時代の到来で宇宙船に乗ったジョン・レノンは，なんと宇宙船の中で花火をした

【立場が変わると？】

話し手に物を持たせ，視点が変わったときの表現方法を練習するのが効果的です

2人で話すとき

自分を言うとき
「わたし，わたくし，ぼく，おれ」
相手に使うとき
「あなた，きみ，おまえ」

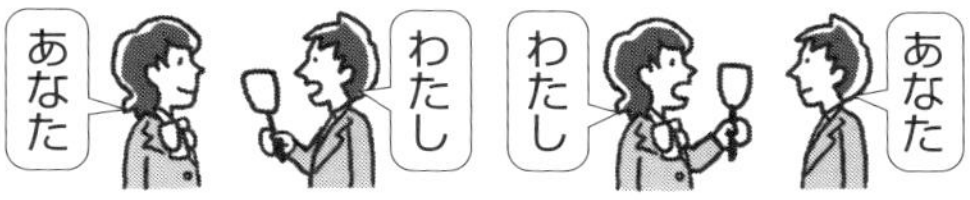

「こ・そ・あ・ど」言葉

・位置的に自分に近い人を言うとき
「この人（方）」
・相手に近い人を言うとき
「その人（方）」
・自分や相手から遠い人を言うとき
「あの人（方）」
・不特定多数をさすとき
「かれら」「みなさん」「どの人」

【留意点】 間違いやすい言い方では，初めに言葉の使い方の決まりを教えてから練習します。間違った言い方を聞いた周囲の生徒が笑うことがあります。生徒指導上の観点からも，人をばかにしたりすることがないように指導することが重要です。

このような生徒に

PDDがある生徒は，自分の伝えたい言葉が先に出てしまって，文法的に誤った言い方になることがしばしばあります。単語だけで要求したり，伝わらなくてかんしゃくを起こすこともあります。伝わらない経験が多くなると，次第に周囲とのコミュニケーションを拒むようになります。伝えたいことを正しく言い表せるように練習していきます。

アイデア 2 助詞や助動詞を正しく使おう

助詞の誤りに気づく

① よく使う格助詞の復習

- 主語を示す **が**
- 連体修飾の **の** （同じ使用で **が**）
- 動作の対象の **を**
- 時と場所 **に** ・方向 **へ** ・比較 **より**

② カードを貼り替えて意味の違いに気づかせる

鉛筆 **と** 消しゴム **が** 必要
鉛筆 **は** 消しゴム **より** 必要

彼女 **が** 僕 **の** 本 **を** 読む
彼女 **は** 僕 **と** 本 **を** 読む

指示代名詞を上手に使おう

	方向	場所	事物
コ	こちら・こっち	ここ	これ
ソ	そちら・そっち	そこ	それ
ア	あちら・あっち	あそこ	あれ
ド	どちら・どっち	どこ	どれ

混同しないで！

助動詞の中でも「れる」「られる」はよく混同する言葉です。4つの意味の使い分けを練習します

「れる」「られる」の4つの意味

ほかから「～される」場合 【受身】
ガラスを割ったので，先生に叱られた。 ガラスを片付けたので，先生にほめられた。

自然に「～になる」【自発】
思い出の海では，少年の日が思い出される。 少年の行く末が，案じられる。

ほかに対する尊敬 【尊敬】
女王陛下が立ち上がられた。 校長先生が，私たちの教室に来られた。

「～することができる」【可能】
学校まで10分で行かれる。 風邪が治って，なんでも食べられる。

留意点 格助詞は主として名詞や代名詞につきます。文中のほかの文節に対してどのような関係かを示し，理解させます。また，相手との位置関係や方向の理解については，絵や矢印を描きながら，言葉の理解を深めていきます。

3 PDDへの支援
気持ちの切り替えが苦手

このような生徒に

拒否的態度がいつまでも収まらない生徒がいます。こだわってしまって切り替えられない，どうやって切り替えていいかわからない，切り替える必要を感じていない，無理やり切り替えさせられることを嫌うなど，原因はさまざまです。長引けば対外的にもクラスの中でも不利になることを本人は知らないので，切り替え方を教えていく必要があります。

💡アイデア　自分にあった切り替え方を知ろう！

| 好きなことを考えて，楽しい気分になる | 場所を変えて気分転換（職員室に行く／校庭に行く） | 好きな本を読んで，嫌なことは忘れる（「シャーロックホームズはかっこいい！」） |
| 音楽を聴いて，気分をゆったりさせる | 好きなことを話題にして，気持ちを明るくする（「今度家族で旅行行くんです」） | キーワードで切り替える（「ぼくは大丈夫」　紙に書いておくのもよい　〈キーワードの例〉・そんなの関係ない・私はラッキー・ブロックするぞ！） |

留意点　自分に合った切り替え方法を知ることや，自分から切り替える手段を学ぶことで，徐々に自分から切り替えられるように導いていきます。また，切り替えられないことに対して，生徒が罪悪感をもたないように，指導方法に留意します。「気持ちを切り替えたほうが，気持ちがよい」というとらえ方ができるとよいでしょう。

不安が強い

このような生徒に

PDDがある生徒の中で,自分でも何が不安かわからないにもかかわらず,先の見通しがもてないだけで不安になることがあります。特に行事の練習前や授業での発表を控えているときは,不安が起こりやすいようです。まず不安の要因を探り,見通しがもてるよう段階的に取り組ませたり,事前学習によって不安を軽減させていきます。

アイデア 安心できる行事への取り組み方

先の見通しをもつ

① 不安の原因を探る

行事や学校生活の内容を黒板や紙に書き出しながら,自分の不安なことを探り当てていきます。要因を特定できなくても,取り組んでいくうちにはっきりしてくることがあります。

② 計画表で心の準備をする

日程	6ヶ月前	3ヶ月前	2ヶ月前	1ヶ月前	2週間前	1週間前	3日前	前日	修学旅行3泊4日
チェック									
準備内容	学年全体への説明	学級活動	班活動	班行動の確定	自分の行動確認	交通経路	荷物の準備	荷物の確認	

③ 当日の行動をシミュレーションしたり,対処方法を考えたりする

特に宿泊を伴う行事の場合は,次のようなことに不安を感じている場合があります。宿の見取り図を用いて事前学習します。

1) 同室の友人のこと
2) 布団を敷く位置
3) 自由時間の過ごし方
4) 入浴のこと　　など

安心材料を見つける

① 相談する人を決めておく

友達　先生　養護教諭　など

② 先生への非言語サインを決めておく

バツサイン　頭をおさえる　顔の前で手を左右に振る　シャープペンを見せる

③ 安心できる居場所を決めておく

水そうの前　階段の下　相談室

④ 発表前は事前学習やリハーサルをする

「これから○○について発表します」

・一人で
・家族の前で
・先生の前で

[応用] 「元気になる言葉」「おまじないを唱える」「お守りを握る」や「断り方を知る」なども安心できる手段になります。

3 PDDへの支援
人間関係が上手にできない

このような生徒に

自分の周辺にたくさんの友達がいることはわかっていますが,「目の前の人」にどうかかわったらよいかがわかりません。「だれでもいいから話しかけてみたら」と言われても,本人はだれを選んで,どのように声をかけてよいのか,わからないのです。身近な友達とのかかわり方や,声をかけるタイミング,話題の選び方などを具体的に学習していきます。

アイデア 声をかけるタイミングをつかもう

［声をかけるタイミング］

- すれ違ったとき　顔を向けて　「おはよう」
- トイレの入り口　「お先にどうぞ」
- 階段の上と下　「こんにちは」　相手を見ながら
- 昼休み　「どこ行くの?」
- 更衣室　「ここ使っていい?」
- 給食準備　「お腹すいたね」「今日のメニューは○○だね」

［質問や返事の事前学習］

質問したい	教室移動の行き先がわからない,体育館に何時に集合かわからない
借りたい	消しゴムを借りたい,教科書を見せてほしい,プリントを見せてほしい
困った	プリントを忘れた,ノート提出場所がわからない,委員会に遅刻してしまった
上手に誘いを断りたい	昼休みサッカーをしようと誘われた,一緒に帰ろうと誘われた
授業中	小声で授業に関係のないことを話しかけられた,隣がうるさくて集中できない

① 上記のような場面のやりとりを事前学習する
② ロールプレイで実際に練習する
③ 自分の周辺の友達から声をかけてみる
(例) プリントを渡すとき「これお願い」

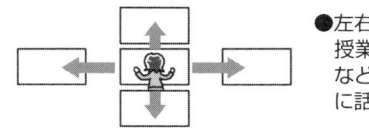

●左右の友達とは,授業のこと質問などを休み時間に話をする

［流行語を覚えよう］

なでしこジャパン（女子サッカー代表チーム）
草食系男子 ⇔ 肉食系女子
仕分け（事業仕分け・行政刷新会議）
iPad　3D　AKB48　K-POP
友愛　「いい質問ですねえ!」　など

留意点　流行語を知っておくと,友達との会話で話題に乗れることもあります。周囲が笑ってくれると楽しくなって何度も同じことを言うことになるので,話題として参加できるようになったら使わせていきます。

コミュニケーションが上手にできない

このような生徒に

友達から声をかけられる，ちょっと注意される，先生が声をかけてくれるなどのことがあっても，「とっさの一言や返事」が出てこないために，「何を言っても答えてくれない」と，しだいに声をかけてもらえなくなることがあります。さまざまな場面に応じた言葉を用意し，ロールプレイで事前に練習して，「とっさの一言」が言えるようにします。

アイデア　学校生活のとっさの一言

こんなとき，なんて言う？

授業中	1．体育の時間，知らないうちにシャツが出てしまいました。友達から，「○○さん，シャツ出てるよ，しまいなよ」と言われました	とっさの一言……
	2．美術の時間，知らず知らず友達の筆を使ってしまっていました。友達が「それ私のよ」と言いました	とっさの一言……
	3．音楽室に行ったら，いつも自分が座る席に他の人の荷物が置いてあって座れません	とっさの一言……
休み時間・給食	4．提出物を職員室に出しにいきましたが，担任の先生がいません。隣の席の先生はいました	とっさの一言……
	5．給食の順番を待っているとき，気がつかないうちに前の人との間があいてしまいました。後ろでイライラした子が，「○○さん，早く動いてよ」と言う声が聞こえてきました	とっさの一言……
	6．給食のとき，自分は食べたい物なのに，友達が「それ，ちょうだい」と言ってきました	とっさの一言……
掃除・放課後	7．掃除当番で，ゴミ捨ての係ではないのに，「△△，ゴミを捨てて来て！」と言われました。でも，あなたは行きたくありません	とっさの一言……
	8．廊下を歩いていたら，校長先生から「○○さん，最近，頑張っているかな？」と話しかけられました	とっさの一言……

応用　日頃困っていることなどがあれば，それについて話し合いながら，「とっさの一言」をどのように言ったらよいかを考えさせることも，練習になります。

③ PDDへの支援
友人とのトラブルがある

このような生徒に
感覚に非常に敏感な部分と鈍感な部分があり，教室が騒がしいだけでその場から逃げたくなる気持ちを周囲は理解できません。また社会的文脈の読み取りにも困難があり，行き違いやとらえ違いが生じることがあります。その多くは言語・コミュニケーション不足によるものです。言葉の使用や自分の不得意場面・友人への対応を学び，トラブルを回避します。

💡アイデア　トラブル回避の方法や考え方を探そう

回避する方法は何？

教師が情報を収集して，トラブルの要因を分類します
決まった人や場面，状況がないかを把握し，回避方法を模索します

本人の訴えや状況から考えられる要因	回避できる方法（例）
周囲の言動に過敏になっている	➡ 自分に対してではないことを確認する
被害意識が強すぎて起きてしまう	➡ 視点の変え方，プラスの考え方を学ぶ
欲求不満で八つ当たりしてトラブルになる	➡ ストレスの解消法を考える
特定の友達が気になるので，つけ回してしまう	➡ 学校生活の別なことに視点を向ける
いじめる子が執拗に迫ってくるので逃げている	➡ 苦情を誰に言ったらよいか考える
（よいかかわりとして）誘われるが，それが嫌だと感じる	➡ 上手な断り方を練習する

認知行動療法を活用しよう！

・考え方を見直して，行動を変化させるのが認知行動療法です
・ていねいに対話することで，とらえ違いに気づかせます
・教師も話しながら，生徒の行動の背景にあるつまずきに気づくことができます
・本人と一緒に気づいたことを言語化していくことで，こだわっていた行動や否定的な気持ちが薄らいでいきます

・必ずだめなことが起きる
・自分は何をやってもだめ
・何でも完全ではないといけない
・失敗するのは自分がいけないせい

自分や友達にイライラしたり許せないと思う背景に，こんな考え方が隠れています

留意点　相手の言っていることが本気なのか冗談なのかわからなくて，「おまえはばかだな」と言われたことを字義通り受け取って，けんかになることもあります。「自分がどのような言葉に反応してしまったか」に気づかせて，意味の取り違いを学習させます。

軽度のフラッシュバックへの対応

このような生徒に
場所も人も違うのに，過去の嫌な経験と結びついてパニック状態になり，奇声をあげたり教室を飛び出してしまうことがあります。このような場合には，まず落ち着かせることを最優先します。その後，ゆっくりと現状を把握させることと，このようなことを繰り返さないように予防的開発的な方法や回避する方法を一緒に考えます。

アイデア 心の傷を深めない

フラッシュバックとは
過去に強い心的外傷（トラウマ体験）を受けた場合に，後になってその記憶が突然に，かつ非常に鮮明に思い出されたり，同様に感じてしまう現象のことをいいます。PDDがある生徒の中には，まれにこのようなフラッシュバックと類似したことが学校でおきる場合があります

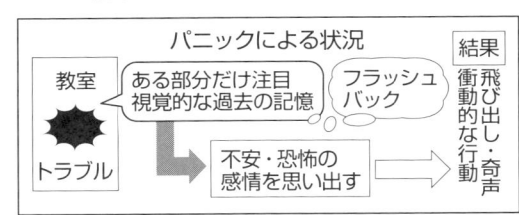

パニックによる状況

教室 → ある部分だけ注目 視覚的な過去の記憶 → フラッシュバック → 不安・恐怖の感情を思い出す
トラブル

結果：飛び出し・奇声・衝動的な行動

行動を時系列で再考する
・友人と話し合う
　（食い違いや誤解を調整する）
・その場所へ連れて行く
　（過去の嫌な思いと「現在」の違いを確認する）
・書いて状況を整理する

記録用ノートの作成
これまでにあった出来事などを記録する「対応ノート」を作成する。指導者や援助者がいなくても，対処方法を読み返して，自分でも冷静に対応できるようになるとよいでしょう

① どのように対処したか
② どのようにしたらよかったか
③ だれに相談したらよいか

思い出さなくて済む方法
突然の行動を非難しないで，回避する方法を一緒に考えます

・同じ教室の場合，座席を変えてみる
・教室移動の時の場合，行き方を変えてみる
・合同授業や少人数で一緒に学習する場合も，座席やグループ分けに配慮してもらう
・登下校で鉢合わせする場合，時差をつけて登下校してみる
・特定の言葉に反応してしまう場合，学年全体に注意をして「禁句」とする

留意点　回避することは「気持ちよく学校生活を送るため」と前向きに考えさせ，勇気をもって歩ませます。また行動を再考させているうちに，過去の嫌なことを思い出してしまうことがあります。心の傷を深くしないように細心の注意を払って対応します。生徒同士の話し合いでは，教師が相手側の生徒と事前に話をして，傷を負った生徒を追及したり非難したりしないよう，善後策を講じることが必要です。

コラム①

デジタル録音図書（デイジー）の紹介

　デイジー（Digital Accessible Information SYstem）とは，デジタル録音図書の国際標準規格です。視覚障害者やふつうの印刷物を読むことが困難な人々のために，世界50か国の会員団体で構成するDAISYコンソーシアムで，デイジーの開発・維持が行われています。

　マルチメディアデイジー図書は，パソコンにインストールした専用ソフトで再生します。特徴は，①ハイライト表示されたテキストと，音声と画像が同時に表示され，どこを読んでいるかが確認できます。②目次から，読みたいページに移動できます。③再生ソフトにより，下記のような個々のニーズに合った読み方が可能です。

　このような特徴から，読み書きに困難を抱えている生徒の読みと理解を助けるツールとして活躍します。生徒は読むことへの不安が軽減し，他人に頼らず，自立して学習に取り組めます。

- ルビを表示できる
- 読んでいるところをハイライト表示
- 文字の大きさ、書体を変更できる
- 読むスピードを変更できる

音声を聞きながら、読んで理解することができる

　デイジー形式の教材や教科書を利用する際には，再生ソフトで，生徒に合った読み方を設定する必要があります。再生ソフト，マルチメディアデイジー図書と教科書の入手方法は，下記のサイトを参照してください。

　　　日本障害者リハビリテーション協会　http://www.dinf.ne.jp/doc/daisy/

第2章 小集団指導・個別指導のアイデア

① アンガーマネージメント
- ●アンガーマネージメントとは
- 自分の状態を知る
- 認知を変える
- 自分の特性を生かす
- キレてしまった場合の対応

② ストレスマネージメント
- ●ストレスマネージメントとは
- 気持ちを抑え込むタイプの生徒
- 現実逃避をするタイプの生徒
- 代用ですませるタイプの生徒
- 人のせいにするタイプの生徒
- 自傷行為に走るタイプの生徒

③ 解決志向ブリーフセラピー
- ●解決志向ブリーフセラピーとは
- 例外探し
- 外在化
- 成功の責任追及
- スケーリングクエスチョン

④ ソーシャルスキルトレーニング
- ●ソーシャルスキルトレーニングとは
- ソーシャルスキルを知る
- 気持ちを伝える
- 状況に応じて判断する
- 隠れたルールを理解する
- 人との距離感を保つ

⑤ ビジョントレーニング
- ●ビジョントレーニングとは
- 読むことが苦手
- 書き写したり探したりすることが苦手
- ものが2つに見える
- 文字の形・図形認識が苦手
- 視機能に問題のある生徒への環境調整
- 体を動かすことが苦手

⑥ 中学生の進路指導
- ●発達障害のある中学生への進路指導
- 進路に見通しをもつために
- 高校入試へ向けての学習計画
- 高校入試の面接練習

⑦ 高校生の進路指導
- ●発達障害のある高校生への進路指導
- 自己理解を深める
- 就職先についての情報収集
- 就職活動に向けての準備
- 専門学校や大学への進路の導き方
- 進学・受験に向けての準備

---

1 アンガーマネージメント
2 ストレスマネージメント
3 解決志向ブリーフセラピー
4 ソーシャルスキルトレーニング
5 ビジョントレーニング
6 中学生の進路指導
7 高校生の進路指導

1 アンガーマネージメント
アンガーマネージメントとは

1．アンガーマネージメント

　アンガーマネージメントは，アンガーと呼ばれる混沌とした状態が引き起こすさまざまな衝動的な行動のメカニズムに自ら気づき，なぜそのような行動をとってしまうのか，このまま続けているとどうなるのかを理解したうえで，そのような考え方や行動をしている自分自身をありのままに受け止めて，自己受容（障害受容も含め）と自己の統合を経て，自分の特性にあった感情表現や行動を築き直してゆくトレーニングを行う一連の構造化されたプログラムです。欧米の学校や矯正教育では公的に取り入れられているプログラムですが，そのまま日本に導入しても文化的背景が異なるため効果が上がりません。ここで紹介するものは，著者（本田）が日本の青少年に適用するように実践を経てつくったもので，学校のみならず児童相談所，少年院，厚生保護施設等で実践する方が増えています。

　なお，アンガーマネージメントを実践するには，生徒の見立てに関する基礎知識を始めとして，面接技法の基礎的理論と技法を習得している必要がありますので，研修を受けてから実施してください。

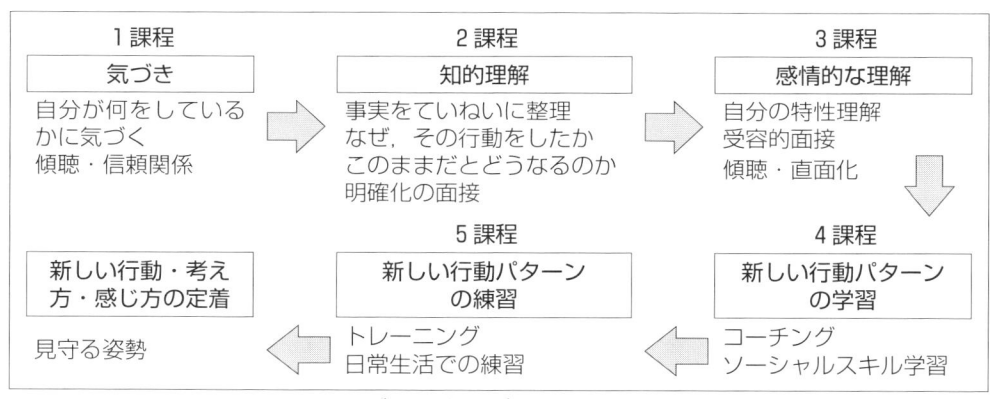

1課程	2課程	3課程
気づき	知的理解	感情的な理解
自分が何をしているかに気づく 傾聴・信頼関係	事実をていねいに整理 なぜ，その行動をしたか このままだとどうなるのか 明確化の面接	自分の特性理解 受容的面接 傾聴・直面化

	5課程	4課程
新しい行動・考え方・感じ方の定着	新しい行動パターンの練習	新しい行動パターンの学習
見守る姿勢	トレーニング 日常生活での練習	コーチング ソーシャルスキル学習

アンガーマネージメントの5課程

(1) アンガーとは？

　さまざまな感情が入り乱れ，混沌とした状態をアンガーと呼びます。自分ではどんな気持ちか認知しにくいため，心の中がアンガーの状態であると衝動性が高まります。その結果，深く考えずに反射的な行動をとり自分にも相手にも望ましくない結果をもたらします。

(2) アンガーがもたらす心身の変化

　アンガーの状態になると心身に変化が現れます。①生理的反応（血圧上昇・低下，発汗，のどの渇き，心拍上昇・減少），および②認知反応（現実検討能力：言語力，判断力，創造的思考力の低下）です。キレると頭が真っ白になると感じるのはこのためです。

(3) アンガーマネージメントの目的

目的は3つあります。①生理的反応への対応（興奮した心の状況の沈静化・ストレスマネージメント，身体感覚のトレーニング，触覚防衛・過剰反応の緩和），②認知反応への対応（混沌とした心の状態の整理，自分の欲求の理解，歪んだ認知の変容），③向社会的判断力・行動力の育成（ソーシャルスキルトレーニング）です。ソーシャルスキルトレーニングは，日常場面での基本的な問題解決方法（忘れ物，時間に遅れるなど）の獲得と，より高次のコミュニケーションスキルに分かれます。高次の内容には，個人内での矛盾する欲求を操作して向社会的な行動を考えることができる力，対人関係場面での自分と相手の欲求の調整や問題解決方法（相手や社会への愛着心を育て，怒りと衝動性と均衡を保つ力をつける），より高度な社会的行動（マナー，対象者別の応答など）の獲得が含まれます。スキルだけを学習しても，実際の場面では使えないことが多いようです。行動を決めているのは考え方だからです。自分の行動パターンへの気づきから順に段階を追ってプログラムを進めるようにしてください。焦って説教によって無理やり考え方を変えようとすると，かえって認知を歪ませてしまうことになりますから注意してください。

2．発達障害のある中学・高校生へのアンガーマネージメント

(1) 衝動性の高い生徒への留意点

衝動性の高い生徒には，ストレスマネージメントを第1課程から導入します。①環境調整によるきっかけはずし，②衝動的になっても自分で収める練習，③暴力を振るわない約束をし，認知的な拘束と自己コントロール力を活性化します。彼らは，納得すると気持ちの切り替えが早いので第2課程での認知の変容は促進しやすい一方で，頭ではわかっていてもいざという場面では衝動行動が生じてしまうパターンがよくあります。第4課程以降は，日常場面を想定したロールプレイや具体的な行動の練習をしてください。

(2) こだわりが強い生徒への留意点

PDDなどがあり自分の考え方に強いこだわりをもっている場合，第2課程をていねいに行います。その考え方にしがみつくことで自分を護（まも）っていることが多いため，「その考え方はキレやすいから変えるべきだ」と断定してしまうと孤立感を高めてしまいます。なぜそういう考え方をしてきたのか，そのことによって護っているものは何かをていねいに明確化していく中で，ほかの方法でも大切なものを護れると気づきを促進していきます。また，感覚を開いたり感情の発達を促すトレーニングを第一段階から少しずつ加えてゆきます。実施に際しては，以下の参考文献を理解してから行ってください。

〈参考文献〉本田恵子『キレやすい子へのアンガーマネージメント　段階を追った個別指導のためのワークとタイプ別事例集』ほんの森出版，2010

1 アンガーマネージメント
自分の状態を知る

このような生徒に

なんとなくムカつくけれど，自分でもだれに対してどんな思いがあるのかわからずに攻撃的な態度に出たり，「うぜえ」「消えろ」と相手からのかかわりを拒絶したりする生徒がいます。感情の分化ができていないのです。イライラしやすい刺激，そのときの身体の状態や自分がとりがちな行動に気づかせ，気持ちをモニターできるようにします。

アイデア 1　気持ちのモニター

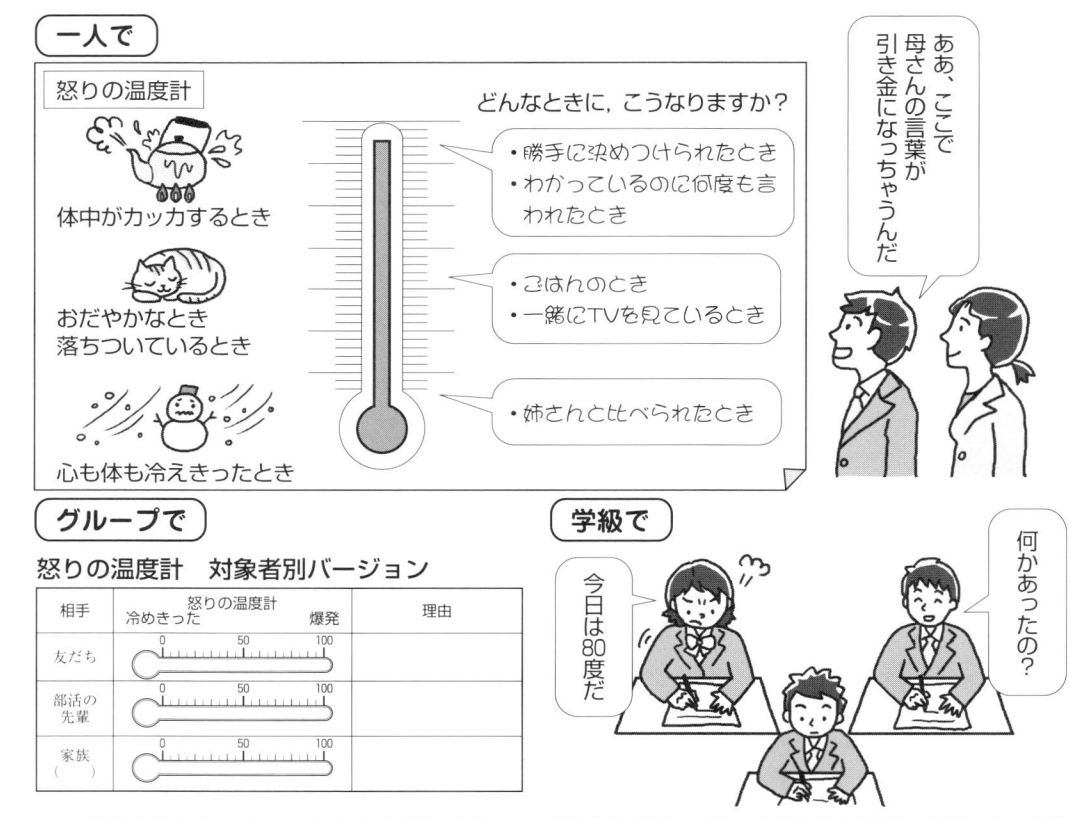

【一人で】

怒りの温度計
- 体中がカッカするとき
- おだやかなとき　落ちついているとき
- 心も体も冷えきったとき

どんなときに，こうなりますか？
- 勝手に決めつけられたとき
- わかっているのに何度も言われたとき
- ごはんのとき
- 一緒にTVを見ているとき
- 姉さんと比べられたとき

ああ，ここで母さんの言葉が引き金になっちゃうんだ

【グループで】

怒りの温度計　対象者別バージョン

相手	怒りの温度計　冷めきった〜爆発　0　50　100	理由
友だち		
部活の先輩		
家族（　）		

各自の記入したシートをもとに話し合う

【学級で】

今日は80度だ／何かあったの？

朝と帰りのホームルームでいまの気持ちをモニターする

[留意点]　最初は気持ちが「わからない」「ふつう」と言う生徒がいても当然です。表情シール10枚（不快5種，快5種）程度から選ぶことから始め，しだいに表情シート（20種），表情ポスター（40種）などと増やしてみてください。

[応用]　自己理解ができるようになってきたら，イライラした気持ちを変化させるには何をしたらいいか考えます。また，他者の感情理解にも発展させていきます。

このような生徒に

気持ちが平坦で動きにくい生徒がいます。何に対しても「べつに」「ふつう」と言うタイプです。このような生徒は，自分の気持ちにも人の気持ちにも無頓着なので，対人関係がぶっきらぼうになりがちです。冷めた態度が周囲を困惑させる場合があることに気づかせ，選択肢を示して表現させたり，日常から感情を表す言葉を多く投げかけたりしていきます。

アイデア2　感情を言語化させていく

選択肢を活用する

国語の例

① 作者の意見に対してどう思いますか？
　次の3つから選んでください
　（完全同意，一部同意，完全反対）
② 同意した部分や反対した部分に線を引いて理由を1つ書きましょう

修学旅行の話し合いの例

「A君は何の係をやりたい？」
「べつに…なんでもいいよ…」
↓
「拝観料を集める係とバス路線を調べる係のどっちがいい？」
「えーっと　それなら…」

感情のフィードバック

「うれしそうだね」
「真剣さが伝わってくるよ」
場面をとらえて言語化することで感情に気づかせる

「よくやってくれているね」
「ため息ついて元気ないな」
「一人だけつまらなそうに見えるぞ」
自分の態度が周囲にどのように見えるかにも気づかせていく

留意点　「気持ち」がわかりにくい生徒には，「～しますか」と肯定的な行動で選択肢を示すと答えやすくなります。「～したいですか」と尋ねると，気持ちを聞かれてしまうのでわからなくなってしまいます。

応用　気持ちを考えとして述べることができるようになってきたら，考えから生じる感情（こんな風に考えると，こういう気持ちが起きてくる）につなげていきます。

1 アンガーマネージメント
認知を変える

このような生徒に

発達障害をもつ中学・高校生には二次障害がよくみられます。人と違うことを責められたり排除されたり，本来なら特性として生かせる能力を切り捨てることを強いられた結果，自尊心が傷つき被害感が強くなるのです。アンガーマネージメントでは，自己や社会に対して歪められた認知に気づき，自分らしさを取り戻すために認知の変容を促します。

アイデア 1 考え方のメリット・デメリットに気づく

ステップ1　怒ってしまったときの考え方に気づく

先生に怒られて〈刺激〉教室を飛び出したとき「さけんな，またオレだけかよ」って思った〈考え方〉〈反応〉

いつも自分だけ注意されると思ったわけだね

「刺激」「反応」「そのときの考え方」を確かめていく

| 白か黒か |
| よいか悪いか，敵か味方か |

| 「〜べき」 |
| 自分にも人にも一方的な理想を押し付ける |

| 過度な一般化 |
| 自分にばかり，出来事が繰り返されるように思う |

| 被害的 |
| どうせオレ・私なんかだれもわかってくれない |

| なすりつけ |
| 原因を人のせいにしたがる 相手が悪い。向こうが言い出した |

ステップ2　考え方のメリット・デメリットを話し合う

「いつも」と思っていいことあった？

イライラするだけだよ

その授業は本当はあまり出たくなかった？

だから，オレなんていなければいいだろうって出ていってやったんだ

授業がわからないことに気づいてほしかったのかな

……

参考文献：本田恵子『キレやすい子へのアンガーマネージメント』ほんの森出版

(留意点)　認知のゆがみをもつに至ったのには，本人なりの理由があります。どういう事情で生じたのか，そのような考え方を続けることで得ているものと失っているものは何かに，ていねいに気づかせてゆくことが大切です。

(応用)　メリットとデメリットは，本人に気づかせることが大切です。面接に慣れてきたら，できるだけ本人の言葉で理由を説明できるようにします。

このような生徒に

落ち着いてからだと冷静に考えたり適切に行動したりできるのに、その場では衝動性を抑えられない生徒がいます。行動を決めるのは認知なので、具体的な場面を想定しながら、認知を変える練習をしましょう。視覚的に結果を見通せるカードを用意して、望ましい結果にいたるには、どのような考え方や具体的な言葉・行動をとるかを考えさせます。

アイデア 2　結果を予測して考え方を変える練習する

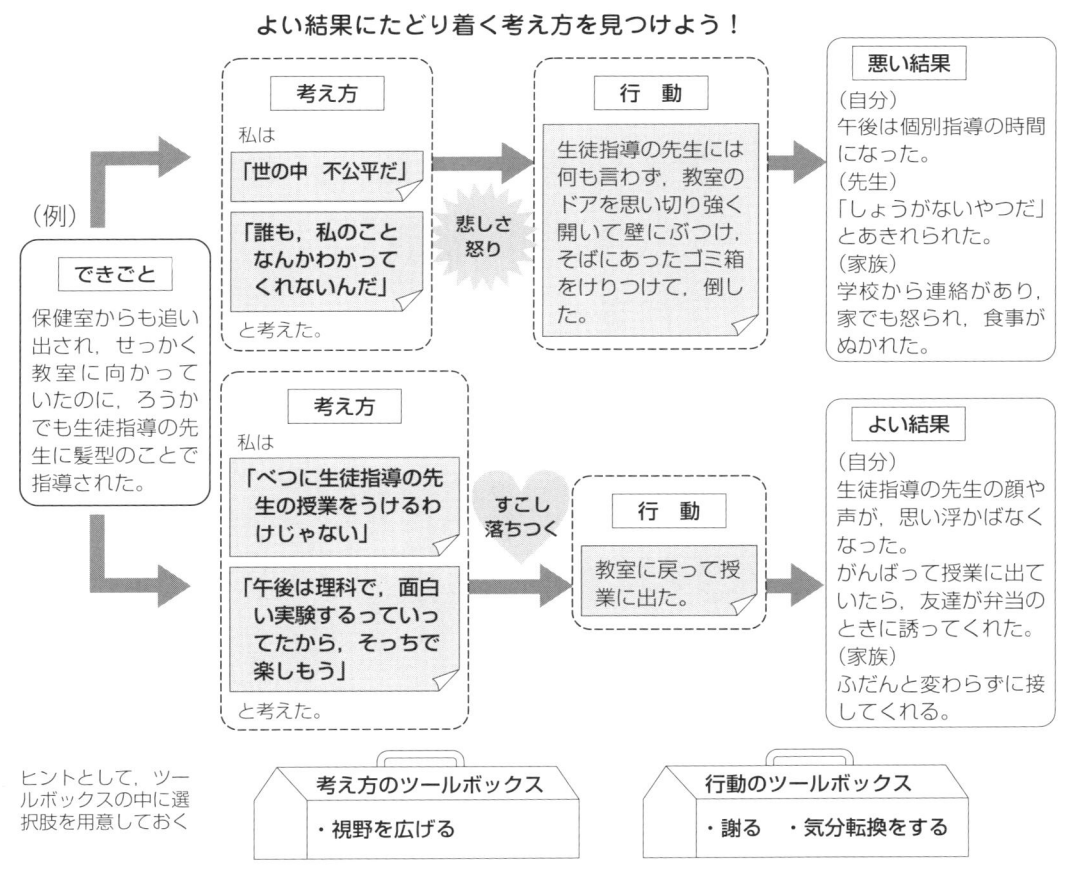

よい結果にたどり着く考え方を見つけよう！

（例）

できごと
保健室からも追い出され、せっかく教室に向かっていたのに、ろうかでも生徒指導の先生に髪型のことで指導された。

考え方
私は
「世の中　不公平だ」
「誰も、私のことなんかわかってくれないんだ」
と考えた。

→ 悲しさ・怒り →

行動
生徒指導の先生には何も言わず、教室のドアを思い切り強く開いて壁にぶつけ、そばにあったゴミ箱をけりつけて、倒した。

→

悪い結果
（自分）
午後は個別指導の時間になった。
（先生）
「しょうがないやつだ」とあきれられた。
（家族）
学校から連絡があり、家でも怒られ、食事がぬかれた。

考え方
私は
「べつに生徒指導の先生の授業をうけるわけじゃない」
「午後は理科で、面白い実験するっていってたから、そっちで楽しもう」
と考えた。

→ すこし落ちつく →

行動
教室に戻って授業に出た。

→

よい結果
（自分）
生徒指導の先生の顔や声が、思い浮かばなくなった。
がんばって授業に出ていたら、友達が弁当のときに誘ってくれた。
（家族）
ふだんと変わらずに接してくれる。

ヒントとして、ツールボックスの中に選択肢を用意しておく

考え方のツールボックス
・視野を広げる

行動のツールボックス
・謝る　・気分転換をする

留意点　学級全体で行う場合には、基本的なキレやすい考え方や対応策がわかっていることが前提条件になります。獲得段階の場合には少人数で実施し、チーム・ティーチングでグループ活動をサポートしてください。

応用　ワークシートを配布し、自分の日常場面でのトラブルを振り返らせ、認知の変容を促すこともできます。シートには具体的なせりふや行動を書かせます。

1 アンガーマネージメント
自分の特性を生かす

このような生徒に
中学・高校生になると，周囲からの支援は多く期待できません。特性がある自分を受容し，その特性を生かすための努力や，周囲と調整する力をつけることが必要になります。睡眠時間の調節，集中するための環境づくり，困ったときの具体的な対処法，服薬時間や量を守るなどは，本人がサポートブックとして作成しておくといざというときの助けになります。

アイデア 1 人との違いを理解する

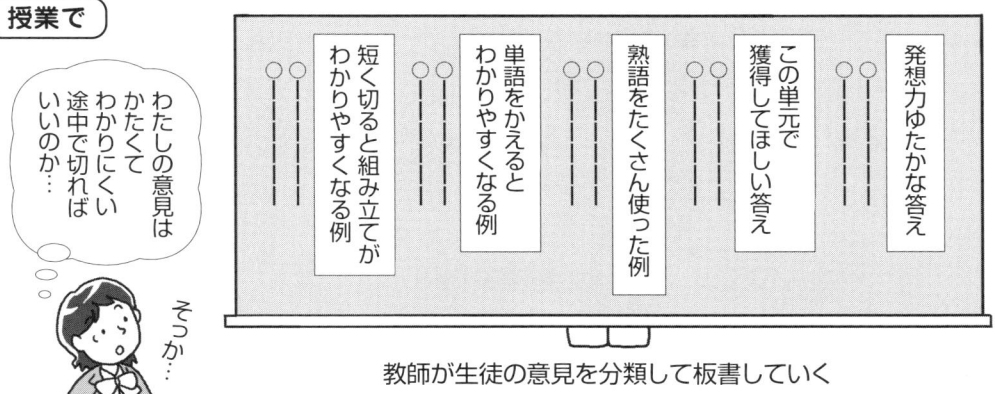

トラブルのあとで
- 先生，やっぱりオレって変なのかな？
- そうね，もってるものはみんな同じでも，量や使い方はちがうかもね

サポートグループで
- なんでいつもこんなふうになるかみんなで考えてみよう

トラブルやそれへの苦情を言い合ったあとで，解決策を話し合う

授業で
- わたしの意見はかたくてわかりにくい 途中で切ればいいのか…
- そっか…

板書の分類：
- 発想力ゆたかな答え
- この単元で獲得してほしい答え
- 熟語をたくさん使った例
- 単語をかえるとわかりやすくなる例
- 短く切ると組み立てがわかりやすくなる例

教師が生徒の意見を分類して板書していく

留意点 発達障害の本人への告知は，病院や専門家と行います。告知を受けると，「アスペだから一人がいい」「ADHDでじっとしていられません」などと，障害を言い訳に使うこともあります。苦しさを受容しつつも，成長を促していきます。

応用 学級での受け皿を広げるためにノーマライゼーションが必要です。本人が苦手な刺激，困ったときにどうしてあげるといいかがわかると，周囲も安心します。

このような生徒に

自己受容ができると、自分の特性を生かしたり、苦手なことをカバーしたりするために、さまざまな機器を活用し始めます。携帯電話でスケジュール管理をしたり、教科書や単語帳を音声で登録したりすると、必要な情報にすぐにアクセスできるようになります。機器に依存して本人の能力が衰えたり、運動不足にならないように、適切に活用させます。

アイデア 2 サポートブックやIT機器の活用

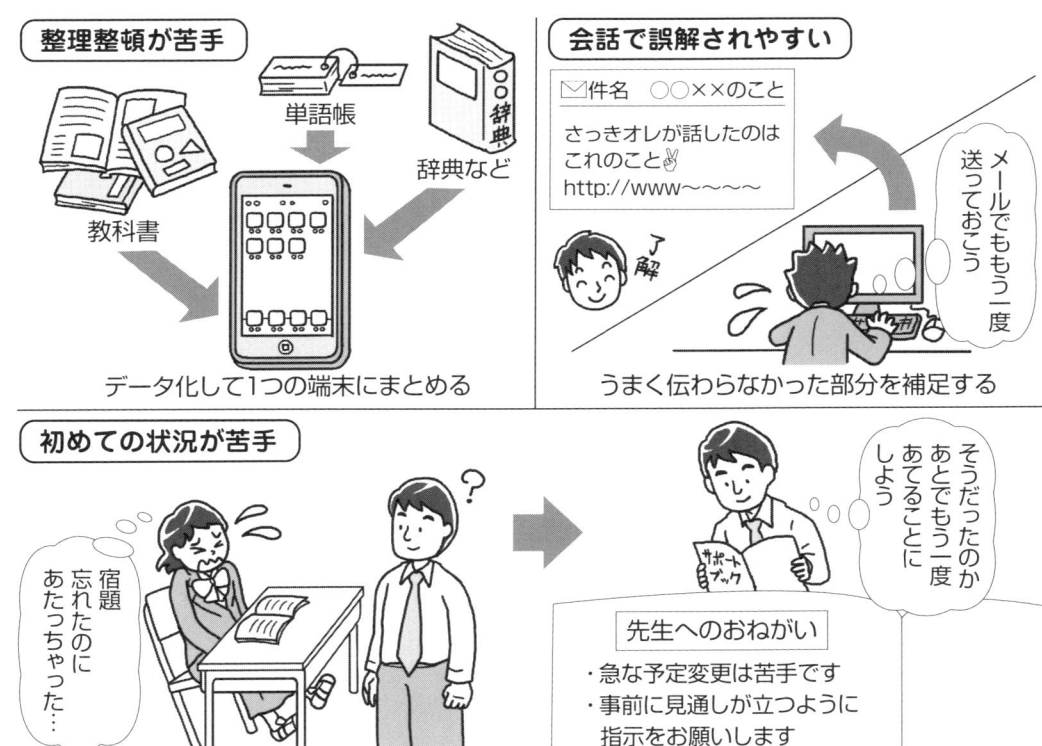

【整理整頓が苦手】
教科書／単語帳／辞典など
→ データ化して1つの端末にまとめる

【会話で誤解されやすい】
件名 ○○××のこと
さっきオレが話したのはこれのこと✌
http://www~~~~
了解／メールでもう一度送っておこう
→ うまく伝わらなかった部分を補足する

【初めての状況が苦手】
宿題忘れたのにあたっちゃった…
→ そうだったのかあとでもう一度あてることにしよう

【先生へのおねがい】
・急な予定変更は苦手です
・事前に見通しが立つように指示をお願いします

サポートブックを見せて理解を求める

[留意点] ADHDのある生徒やコミュニケーションが苦手な生徒は、IT機器を活用すると自己管理能力がつき、世界もぐんと広がります。一方で、有害サイトや衝動性からネット上でトラブルを起こす場合もあるので、機器の使用状況は確認します。

[応用] 障害や自分の特性を受容できたら、自分を生かせる進路（進学先、就職）を考え、そこでの人間関係のもち方について話し合いをしてゆくとよいでしょう。

1 アンガーマネージメント
キレてしまった場合の対応

このような生徒に

頭ではやめなくちゃとわかっているのに，身体はどんどん焦って止まらなくなってしまう生徒がいます。このとき，周りから責め立てられると生徒は余計に混乱するので，まず周囲を沈静化をすることが大切です。そして，自傷や突発的な行動による事故，他害（批判を止めようとして起こす暴力，怒りを収めるための器物破損など）の予防を心がけます。

アイデア1　安全の確保とクールダウン

① レスキューノートを見ながら気持ちを落ちつける方法を試す

> がまんできないときは…
> ① 深呼吸する
> ② 目をつぶる
> ③ その場を離れる
> ……

② 周囲の鎮静化と安全確保

はさみや花瓶など危険なものがあればよけておく

「静かに!!　みんな早く教室へ戻りなさい」

「ヒューこえー」「なに，あれー」

③ タイムアウトの場面で

（気遣い）
「君は大丈夫かい？」
「自分がけがしないようにね」
「先生が何か手伝えることはあるかい？」

（限界設定）
「イライラするのは仕方ないけど
　物に当たっても解決しないよ」

留意点　わかっているのに止まらない生徒の場合は，身体の興奮を収めることから始めます。日常からSOSのサインを自覚できるようにして，安全に一人になれる場所を決めて，危ないと思ったらそこでクーリングダウンするとよいでしょう。

応用　学級全体が落ち着かないときは，全体でのストレスマネジメントをすることもできます。窓を開ける，目を閉じる，机に突っ伏して静かな音楽を流す等です。

このような生徒に

キレ始めると確信犯的に怒りを増幅させていくタイプの生徒がいます。特定の教師や友人に対して感情を溜め込んでいることが多いようです。反抗することで自分の被害感情を刷り込んで相手を逆ギレさせ，教室から自分を排除させようとします。挑発に乗らず，どのような気持ちも受け止め，言語化します。受容と限界設定が対応のキーワードになります。

アイデア 2　挑発に乗らず行動を翻訳する

指示に従いたくない生徒
- お、待っているのに気づいてくれたな
- まだ？
- ……

予定変更に怒る生徒
- なんで勝手に変えるんですか
- そうね みんな数学のつもりだったんだものね
- → 落ちついてから、理由を明確に伝える

授業を妨害する生徒
- 言いたいことがあるようね 話は放課後にしよう
- うるせ
- ガッ
- → 妨害が続くときはほかの教師を呼ぶ
  - 私とは話したくないようなのでほかの先生を呼びましょう
- → 個別指導を行う
  - 教室から出されたわけはわかるな？

[留意点] やっていい行動と許されない行動を示し，限界を超えた場合は生徒指導部と連携して別室指導します。

[応用] 担任への感情が強い場合は，教室はほかの先生に任せ，時間を決めて別室で本人と担任が話し合うとよいでしょう。話し合いには必ず，スクールカウンセラーや養護教諭など，第三者（ニュートラルな立場の者）が立ち会います。

2 ストレスマネージメント
ストレスマネージメントとは

1. ストレスマネージメントとは

　ストレスマネージメントとは，ストレスから受ける影響が深刻になりすぎないように，自分でマネージメント（管理）することです。下図はストレスが生じるプロセスを示したものです。ストレスマネージメントでは，生徒がストレスを自分で管理して，ストレスと上手につきあえるように，ストレスのプロセスに応じて4つの方向からアプローチしていきます。

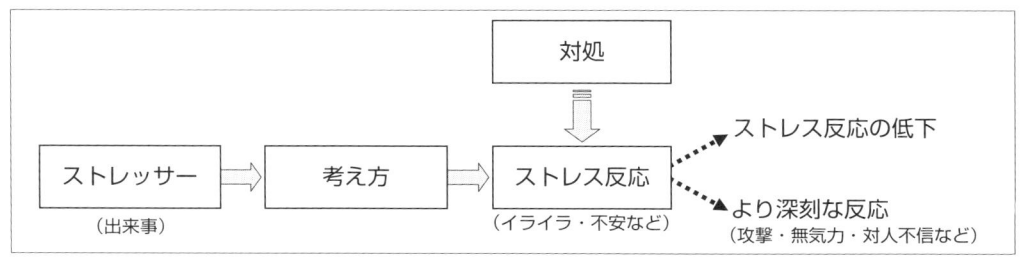

```
                        対処
                         ↓
ストレッサー → 考え方 → ストレス反応 ┈→ ストレス反応の低下
 （出来事）           （イライラ・不安など）┈→ より深刻な反応
                                    （攻撃・無気力・対人不信など）
```
ストレス発生のプロセス（岡田，2002 より）

(1) ストレッサーへのアプローチ
　黒板を写しにくい生徒が席をかえてもらうといったようにストレッサー（ストレスを引き起こす要因）そのものを取り除く方法（環境調整）や，苦手な人と接触しないようにしてストレッサーを回避する方法などがあります。

(2) ストレス反応へのアプローチ
　ストレス経験時の心身の変化を理解し，ストレス反応を和らげる方法を身につけます。腹式呼吸を意識的に行えるようにする呼吸法や，リラックスした身体状態の一つの特徴である筋肉の弛緩に注目した漸進的筋弛緩法（Jacobson）などがあります。

(3) 考え方へのアプローチ
　同じ出来事を経験しても，考え方やとらえ方次第でストレスになったりならなかったりします。主観的で一部だけに注目したような物の見方や，「…べきである」「…ねばならない」といった非合理的な思い込みが，ストレスを増加させていることに気づかせ，柔軟な考え方ができるようにします。

(4) 対処法へのアプローチ
　問題を直接解決する，気分転換をする，相談する，助けを求める，といったストレスに対処するための対処方法のレパートリーを増やします。また，新しい対処方法を実生活でも使用できるように，ロールプレイで練習を行います。適切な対処が行われれば，ストレス反応は低下します。対処を行わなかったり，不適切な対処が行われたりすると，ストレス反応はより深刻なものになっていきます。

2．思春期の生徒に見られる問題点

　発達障害がある生徒にとって，中学・高校生活は，ストレスに満ちています。学習場面や部活動など思うようにできずに自信を失いやすい場面が多くあります。また，友達同士で交わされる微妙なニュアンスがわからなかったり，友達の行動の意味を取り違えて反論したり，過剰な仕返しをしてしまったりするなど対人関係においてもさまざまな困難を経験しています。このような葛藤の中，過剰適応となって気持ちを抑え込んでしまったり，ストレス場面そのものを避けたり，ゲームや趣味の世界に没頭して現実逃避することもあります。そういったつらさを別の人や物にぶつけたり，人のせいにする生徒や，ＳＯＳを自傷行為として出す生徒もいます。

3．指導の仕方と留意点

(1) 目的を明確に

　生徒にとってストレスは「嫌なもの」「克服すべきもの」といったネガティブで困難を伴うイメージがあるようです。ストレスと「上手につき合える」ようになることが目的であり，それによって「日々の生活や学校生活が過ごしやすくなる」という点を説明します。

(2) 生徒自身が主体的に学べるように

　無理やり不快な出来事を思い出させられて，そのことについて考えさせられるのは嫌なことです。具体的な指導に入る前に，生徒自身が「このままだと，どうもうまくいきそうにない」，「困っている」，「変わりたい」といった自分の置かれた状況や気持ちに気づけるように，生徒と一緒に話し合う場がもてるとよいでしょう。

(3) 実体験と結びつける

　抽象的な内容や架空の場面については，適応的な考え方や対処法を考えることができても，実生活では学んだことがなかなか生かされないようです。自分が実際に経験したストレスについて考え，解決策がみえてきたり，こうやって考えればそんなにつらくないと実感したりしてこそ，やれるかもしれないという自信につながります。

(4) 雰囲気を大切に

　自分のストレスについて考え，向かい合うためには，指導者やグループのメンバーとの関係が安心できるものであることが大事です。互いを批判することなく，サポーティブな雰囲気の中，話し合いやワークを進められるとよいでしょう。小集団ではエンカウンターや仲間づくりのショートエクササイズなどを活用して安心空間を作れるよう心がけましょう。

〈参考文献〉岡田佳子（2002）「中学生の心理的ストレス・プロセスに関する研究 ―二次的反応の生起についての検討―」，教育心理学研究，第50巻2号，193-203

2 ストレスマネージメント
気持ちを抑え込むタイプの生徒

このような生徒に
怒りや不安などのネガティブな感情を出すのはよくないことだと思い込み，気持ちを抑え込んでいる生徒がいます。「よい子」でいたいという気持ちが強く，気持ちを表現すれば周囲の人が嫌な思いをする，自分から離れてしまうと心配しています。まずは，気持ちを抑えなくてはという「心と身体の緊張状態」を緩和してあげることから始めます。

アイデア 1 心と身体のリラクセーション

【リラクセーション法】
① 楽な姿勢でいすに座り目を閉じる
② 手の感触を感じる

げんこつを強く
握ってから
一気に力を抜く

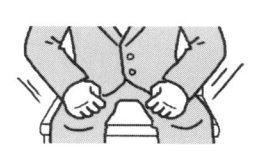

③ 足の感触を感じる

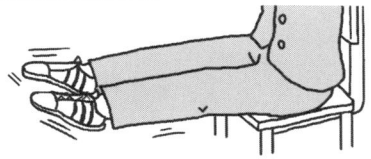

つま先までピンと伸ばしてから
一気に力を抜く

④ 顔の感触を感じる

目をぎゅっと閉じて
歯をかみしめてから
一気に力を抜く

⑤ 手，足，顔をいっぺんにやる
（②〜⑤を順番に7〜10秒程度ずつ行う）

【呼吸法（腹式呼吸）】
① 楽な姿勢でいすに座り目を閉じる
② お腹に手をあてる
③ すべての肺の空気を口から吐きだす
④ 「1・2・3」と心で唱えながら，ゆっくり鼻から息を吸い，お腹をふくらませる
⑤ 「4」でいったん息をとめる
⑥ 「5・6・7・8・9・10」で，口からゆっくり息を吐きながらお腹をへこます
⑦ ③〜⑥を何度か繰り返す

・吐く息を意識する
・仰向けに寝て行ってもよい

【留意点】 腹式呼吸はリラックスになり，緊張・ストレスを除きます。機会をみつけて何度も練習し，一人でもできるようになるとよいでしょう。音楽を流したり，アロマオイルの香りを漂わせたりして実施すると効果的です。

【応用】 気持ちを抑え込むタイプ以外の生徒にも共通して導入できます。日常生活でリラックスできる方法（入浴，お茶，音楽など）を一緒に考えてみるのもよいでしょう。

＜参考文献＞ 山中寛・冨永良喜編『動作とイメージによるストレスマネジメント教育・基礎編-子どもの生きる力と教師の自信回復のために-』北大路書房，2000

このような生徒に

無理に気持ちを抑え込み続けると，頭痛などの身体症状が出たり，気分が落ち込んで学習や生活への意欲が低下したりする場合があります。外で気持ちを抑え込んでいる分，家庭で暴言や暴力がみられる場合もあります。「怒りや不安は自然な感情なので適切な方法で表現してもよい」ことを告げ，その生徒に合った気持ちの表現方法を一緒に考えていきます。

アイデア2　さまざまな表現方法を知る

言葉にするのが苦手な生徒

コラージュをつくる　　表情シールから選ぶ　　単語カードから選ぶ

がっかり　どきどき　ワクワク　すっきり　イライラ　もやもや　チクチク

発売元：クリエーションアカデミー

話をするのが苦手な生徒

日記を書く　　共感できるセリフやシーンを探す 　　共感できる歌詞を探す

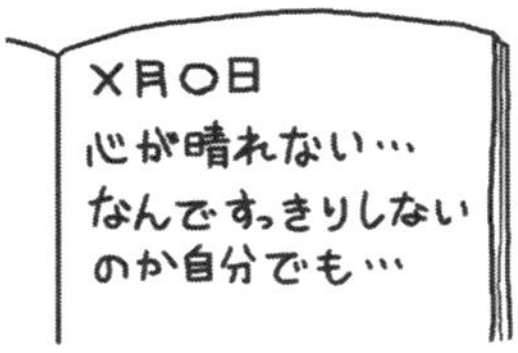

×月○日
心が晴れない…
なんですっきりしないのか自分でも…

こんな場面私にもあった…

この歌の歌詞今の気持ちにぴったり！

活動的なタイプの生徒

物にぶつける　　踊る  　　歌や演奏

(留意点)　抑え込んでいるネガティブな気持ちにいきなり触れるのではなく，日常の出来事を笑って話したりできるようなリラックスした雰囲気づくりをしながら，徐々に気持ちを表現することを体験できるようにしましょう。

(応用)　「どうしてその表情になったのかな？」「なぜそのセリフ（歌詞）に心引かれたのかな？」と問いかけることで，自己理解を促すこともできます。

2 ストレスマネージメント
現実逃避をするタイプの生徒

このような生徒に

困難な場面に直面すると，耐えきれなくなって逃げたり避けたりする生徒がいます。失敗から自信を失い，「どうせ自分なんか」という考え方がくせになっていたり，まじめで完璧にやりたい気持ちが強く，「……ねばならない」という考え方をしていたりします。自分を追いつめる考え方に気づかせ，自分で考え方を修正できるようにしていきます。

アイデア 考え方を変えてみよう

① 2つの考え方を比べる

A君の考え方	B君の考え方
・どうせ上手にならない ・レギュラーになれなきゃ意味がない ・また先生に怒られて恥をかくだろう	・練習をすればもっとうまくなるかもしれない ・練習してレギュラーになれたらうれしいな ・先生が怒るのは，僕を育てようとしてくれているからだ
結果：「練習に行きたくない」	結果：「練習をがんばろう」

テニス部のA君とB君。ふたりともまだ一度もレギュラーに選ばれたことがありません。ふたりの何が違うかな？

② 修正の仕方を知る

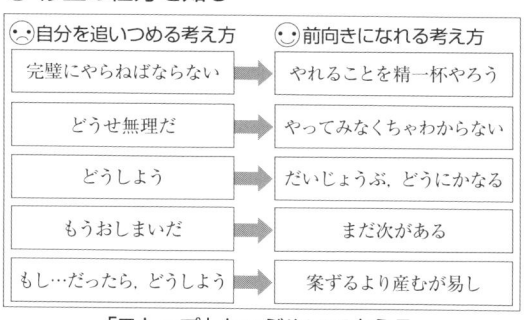

自分を追いつめる考え方	前向きになれる考え方
完璧にやらねばならない	→ やれることを精一杯やろう
どうせ無理だ	→ やってみなくちゃわからない
どうしよう	→ だいじょうぶ，どうにかなる
もうおしまいだ	→ まだ次がある
もし…だったら，どうしよう	→ 案ずるより産むが易し

「ストップ」とつぶやいて変える
カードにして持ち歩いてもよい

③ 自分にあてはめて考える

1. どんなときに逃げたり，あきらめたくなったりしますか？
2. そのとき，どんなことを考えましたか？

↓

3. 「前向きになれる考え方」に変えてみよう
4. こう考えると，どんな気持ちになりますか？

書くことがむずかしい場合は，上記を話し合う

留意点 「どんなときも無理をしてでもやらねばならない」という思い込みに注意して，苦手な人との接触を上手に避けたり，「あきらめる」「やめる」と決めたりすることがあってもよいと，説明してあげましょう。自分の問題に向かい合うことがむずかしいときは，架空の例を使って練習することもできます。

応用 得意なことに目を向けて，自信を高めるような活動と組み合わせると効果的です。

<参考文献> 簗瀬のり子「考え方をチェンジ！」，國分康孝監修・片野智治編集『エンカウンターで学級が変わる中学校編』図書文化社，1996

代用ですませるタイプの生徒

このような生徒に
表現したい気持ちや欲求を適切に処理できず，その苛立ちを物や人に向ける生徒がいます。壊す，買い集める，過食する，八つ当たりなどの行動として表現されます。適切な方法で表現できるためには，出来事やそれに対する本当の自分の感情・欲求を整理して，客観的にとらえることが必要です。そのうえで，適切な表現方法について一緒に考えていきます。

アイデア　出来事と気持ちを整理する

① 出来事を整理して，本当に表現したい気持ちに気づかせる

(1) 何が起きたのかな？

きっかけ（出来事）	そのときの行動	結果
プリント学習中に後ろの席の子がこそこそおしゃべりをしていた	・自分のプリントをクシャクシャにした ・自分の鉛筆を折った	・プリントができなくなった ・先生にしかられた ・へんな目で見られた ・家でもしかられた

(2) そのとき，私は…

何がしたかった？どういう気持ち？	だれに対して？	どのくらい？
・静かに集中してプリントをやりたかった ・イライラ，むかむか	・うしろの席の子	・自分のプリントが終わるまで（静かにしていてほしい） ・プリントが手につかないくらい（のイライラ）

＞本当は何にイライラしてどうしたかったんだろう書いて整理してみよう

② 表現方法を一緒に考える

＞どう言えばいいかな
＞「静かにして」あとは先生に注意してもらう
→ ＞その結果どうなる？
＞おしゃべりをやめてくれて集中できる
→ ＞練習してみよう
＞「プリントが終わるまで静かにしてくれる？」

留意点　なかなか本当に表現したい気持ちがわからない生徒もいます。本人が気持ちや欲求を意識できるように，ていねいに話を聴きましょう。表現方法が思いつかない生徒にはいくつかの具体例をあげて，やれそうなものを選ばせるとよいでしょう。

応用　指導者が質問しながら記入したり，シートを用いずに対話形式で行う方法もあります。自己理解のワークとしてどのようなタイプの生徒にも共通して導入できます。

＜参考文献＞ 本田恵子『キレやすい子へのアンガーマネージメント 段階を追った個別指導のためのワークとタイプ別事例集』ほんの森出版，2010

② ストレスマネージメント
人のせいにするタイプの生徒

このような生徒に

状況の一側面に注目して，ほかの可能性が目に入らなくなる生徒がいます。認めてもらいたい気持ちが強く，不快な感情を抱えきれなくなると，他者に対して批判的になり，被害者意識の強い考え方にとらわれてしまいます。視野を広げる，見方を変えるなどの練習をしながら，柔軟な思考力を伸ばし，自分にできそうなことを考えられるようにしていきます。

アイデア　複数の可能性を考える

〈だまし絵を見る〉

顔？　カップ？
(Rubin,1921)

一枚の絵でも見方によって見え方が違いますね

① 現在のとらえ方を確認する

友達にあいさつしたら，無視してそのまま行ってしまった。
↓
「ひどいやつだ」

こう考えるとどんな気持ち？
友達のせいでいやな気分

② 別の可能性を考える

ほかの意味（可能性）はないかな？
(1) 気がつかなかったのかも
(2) すごくあわてていたのかも

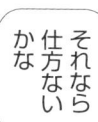

気がつかなかったと考えると？
それなら仕方ないかな

③ できることを考える

何ができそうかな？
・直接解決する
　相手と話し合う，相手に確認する，メールを送る…など
・気分転換
　運動をする，好きな音楽を聴く…など
・相談する・助けを求める
　先生に相談する，友達に悩みを聞いてもらう…など
・回避する
　相手にしない，会わないようにする…など
・その他
　うまくいかなかったときのために次の策を考えておく…など

[留意点]　他人を責める気持ちが強い場合には，「自分の嫌な気持ちを変えられるのは自分だけで，残念だけど他者を変えることはできない」ことを説明し，他者が変わればいいという思いは余計にストレスを溜めることに気づかせるとよいでしょう。

[応用]　批判的思考力を養うための教材として，国語の時間などを利用してクラス全体で取り扱うのもよいでしょう。

<参考文献>　ロバート・D・フリードバーグほか著，長江信和・元村直靖・大野裕訳『子どものための認知療法練習帳』創元社，2006

自傷行為に走るタイプの生徒

このような生徒に
発達障害がある生徒によくみられる自傷行為は，壁に頭を打ちつける，手や腕をかむ，身体を引っ掻くといったものです。理由は，感覚過敏などによる生理的なもの，コミュニケーション不全や周囲の不適切な対応による社会的・環境的なものなどさまざまですが，何らかのストレスに対するSOSととらえ，ストレスの原因を考えることから始めます。

行動分析で予防と対応策を考える

① 5W1Hで理由を考える
自傷行為が起きる場面の様子を客観的に観察して記録します。記録からパターンや傾向がみえてくれば，ストレスの原因が特定され，予防や対応策が考えやすくなります。

いつ？（When）	午前，午後，天候状態，季節，休み時間，数学の時間，プリント学習のとき…
どこで？（Where）	教室，校庭，体育館，音楽室…，騒音，光の状況…
だれがいた？（Who）	その場にいたのは？
行動の前後に何が起こった？（What／Why）	前：その日の調子は？　直前のきっかけは？ 後：直後の周囲の対応は？　最終的に本人は損？　得はあったか？（何かを得た・何かから逃れられた）
どのように？（How）	自傷行為の頻度，長さ，強さ…

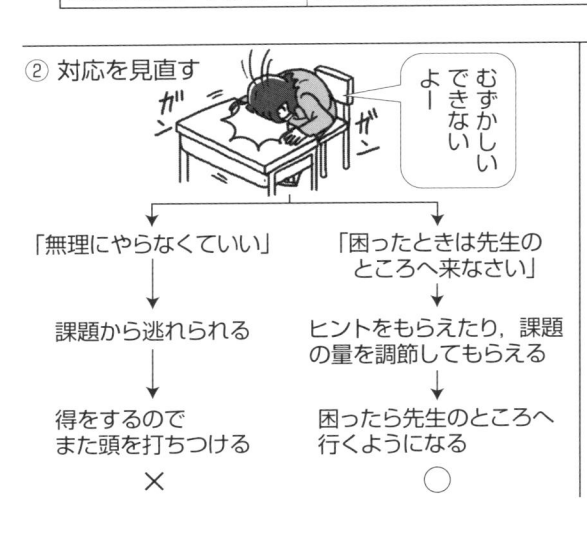

② 対応を見直す

「むずかしい できないよー」ガンガン

- 「無理にやらなくていい」
  → 課題から逃れられる
  → 得をするのでまた頭を打ちつける ×

- 「困ったときは先生のところへ来なさい」
  → ヒントをもらえたり，課題の量を調節してもらえる
  → 困ったら先生のところへ行くようになる ○

③ 代替行動を生徒と探す

傷つける以外の方法を探そう
- ぬいぐるみを抱きしめる
- お守りをにぎる
- クッションをたたく
- 深呼吸やリラクセーション
- 先生のところへ行く

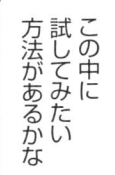

「この中に試してみたい方法があるかな」

留意点　「無理やり押さえつける，叱る，過剰に反応する，やめるよう説得する」などは，効果がないばかりか，行為を継続・悪化させ，指導者への嫌悪感を高めます。

応用　複数の自傷行為がある場合は，タイプごとに記録します。それぞれに理由が異なる場合があります。自傷行為が頻繁に起こる場合は，逆に「どんなときに起こりにくいか」が重要な情報になります。パニックなどの理解と対応にも役立ちます。

③ 解決志向ブリーフセラピー

解決志向ブリーフセラピーとは

1．解決志向ブリーフセラピーとは

　解決志向ブリーフセラピーには，教師が学校で活用しやすい考え方や技法が詰まっています。ここでは，教師が活用するという視点で，「解決志向」の発想に立った対応を説明します。その哲学は，以下の3つです。

> ①うまくいっていることは，変えないで続ける
> ②一度やって，うまくいったことは，もう一度やってみる
> ③うまくいっていないなら，（何でもいいから）違うことをしてみよう

　このように，とてもシンプルで明快です。しかし，現実には「うまくいっていないのに続けている」ことが案外多いものです。発達障害がある生徒や，その疑いのある生徒に対し，定型発達の生徒へと同じ対応を繰り返してもうまくいかないことがあります。そんなとき，③に気づく人は，何でもいいから違うやり方を編み出そうとします。

2．問題にこだわるより，解決を目指すアプローチ

　生徒の問題行動やつまずきに対し，原因を探り，それを取り除こうとする発想があります。確かに，家庭環境や友達関係，学習に対する意欲や能力など，影響しそうな要因を探ることは無意味ではありません。しかし，原因を特定できないことや，特定できても過去や家庭環境など，変えられない場合もあります。

　発達障害も，その情報処理や対人交流の独特さが不適応や行き違いにつながることが多いのですが，その認知や情緒発達の特徴自体を変えることはできません。相手の気持ちを察することなく独善的な行動をとってしまった生徒に対し，「どうして人の気持ちがわからないのか！」と理解しがたい表情で指導するより，「どうしたら相手の気持ちを推察するようになるか」を試したほうが早いと考えます。このとき教師が「どうしたらいいか」対応がわからないと，「相手が傷ついているでしょう」と生徒を諭すだけになります。その生徒はきっと，これまでの十数年間も，周囲の大人から何度も同じように諭されてきたでしょう。それではうまく育たなかったのですから，中学・高校時代ほど③の見方が重要なのです。

3．リソースを探す

　教材でも人材でも，支援に役立つものはすべてリソース（資源）です。解決志向では，「すでにその人の中に解決する力が内在する」と考えます。ですから，特にその人の内的リソー

スを吟味する作業を重視します。得意なこと，好きなもの，趣味や特技だけでなく，感性も，嫌なことを放置できる能力や嫌いな人を無視できる能力も，みな資源です。不注意もこだわりも，見方によってはプラスに生かせるのです。

4．想像力が弱い場合への留意点

　解決志向の発想では，生徒自身の語る言葉や内容から，解決のイメージを組み立てていきます。このとき，話し言葉だけのやりとりでは，互いのイメージがずれやすいものです。特に，発達障害がある生徒の中には，聴覚情報より視覚情報のほうが取り入れやすい生徒もいますし，経験したことのない場面を想像することが苦手な生徒もいるので，留意が必要です。

　そこで，話したことを文字やイラストにして，紙に書いて整理したり，援助者がイメージを複数描いて，そこから生徒に選んでもらったりすることをお勧めします。そうすることで，生徒はより主体的な意思決定ができ，目に見える形で解決像が描けていきます。

5．ミラクルクエスチョンなど

　解決志向の発想を生かしたアプローチは，本書にあげたほかにも，さまざまな技法があります。本人は無自覚でも，人生の主人公である当事者が，これまでそれなりにしのいできた方法を問う「コーピングクエスチョン」，問題に目がいきがちな当事者に，問題がなくなっていたとしたらどういう変化で気づくかと問う「ミラクルクエスチョン」など，過去やマイナスの側面に注目しやすかった人にとっては，大きな発想の転換を可能にします。

　これまで周囲からとがめられ，注意ばかりされ続けてきた生徒が，「どうやってこんなふうにうまくやってこれたの？」と尋ねてもらえたら，どう思うでしょう。「いままでの大人とは違う」援助者の対応に動機づけられ，自分もまんざらではないと自尊心を高め，自らの内側にあるリソースを探り出すでしょう。

　解決志向ブリーフセラピーは，技法も明確ですが，もっとも活用してほしいのは，そこに流れる人間観です。生徒が「すでに解決方法を知っている」「その人の中に解決につながる力がある」と信じてかかわる姿勢です。実際には，台本どおりにコトが進むわけではありませんが，ぜひ以下の文献なども参考になさってください。

＜参考文献＞
森俊夫『先生のためのやさしいブリーフセラピー―読めば面接が楽しくなる』ほんの森出版，2000
黒沢幸子『指導援助に役立つスクールカウンセリング・ワークブック』金子書房，2002
V．ブリス，G．エドモンズ（桐田弘江，石川元訳）『アスペルガー症候群への解決志向アプローチ―利用者の自己決定を援助する』誠信書房，2010

3 解決志向ブリーフセラピー
例外探し

このような生徒に
ちょっとした失敗や，友達からの注意だけで，「自分なんかダメだ」とすべてを投げ出してしまう生徒がいます。部分的なマイナスを，全体否定と思い込んでしまうためです。目の前で起きていることが，全体の中のごく一部であることに気づかせ，失敗と思い込んでいた同様の出来事の中にもうまくいった例があることを探しだすのが「例外探し」です。

アイデア① いつでもそうなの？

（例1）絵が失敗した

「ああ、もう失敗！いつもいつも失敗ばかり…」

- 👧「いつも失敗ばかり」
- 👦「いつもいつもって思ってるんだ」
- 👧「そう，いつも」
- 👦「そう？　ずっとダメだったの？」
- 👧「木まではいい感じだったのに。葉っぱでミスった」
- 👦「木まではよかったんだ。葉っぱもたくさん描けているよ」
- 👧「ここまでうまくいった」
- 👦「ここまで何枚もいい感じで塗れたんだね」

〈ポイント〉
いつもでもなく，全部でもないことを伝える

（例2）先生に注意された

「あんな言い方はダメだよ」　「また注意されたどうせ僕はダメなんだ」

- 👦「また怒られた。どうせ僕はダメなんだ」
- 👩「そうじゃない，人をバカにしないでって言ったのよ」
- 👦「いつも，いつも僕のことばかり注意して」
- 👩「君はいつもって思うんだ。そんなにずっと注意してたかな。注意されなかったことは？」
- 👦「……そりゃ，掃除のときとか」
- 👩「そうだよ，ほめられたことだってあるでしょ？」
- 👦「部活とか……」
- 👩「そうそう，何て言ったっけ？」
- 👦「ちゃんとやってる，いいぞって」
- 👩「そうそう，先生は注意ばかりしているわけではないはずだよ」

[留意点] 本人の言い分を受け止めてからでないと，理屈のごり押しになります。気持ちを受容し，下線部のように聞き手も否定的に言うと，「それほどでもないかもしれない」という気持ちがわいてきます。

[応用] 本人に「例外探し」で不快な場面を乗り越えていることをフィードバックします。大人が「そうかな」「例外もあるよね」と諭すだけで，自ら探し始めます。

このような生徒に

自分が周囲からよく思われていないと悲観したり，うまくかかわってもらえないと嘆いたりする生徒もいます。「どうせ，わかってもらえない」「いつも無視される」「友達なんかいない」と落胆します。365日そうなのか，地球上の人間すべてが敵なのかを探っていきます。思い込み，否定しきっていた世界に明るい隙間をみつける「例外探し」の作業です。

アイデア 2 　全員そうなの？

（例1）　友達に無視された

「あのー」

「みんな私のこと，嫌いなんだ」
「みんな？」
「そう，みんな」
「クラス全員？」
「たぶん，ほとんど」
「ということは，なかには違う人もいるんだ？」
「わかんない」
「じゃあ，確かめてみよう。最近声をかけてくれた人は？」
「A君とBさん」
「じゃあ，あいさつに反応してくれた人は？」
「同じ班の3人」
「その5人で，嫌われてないかもって思える人は？」
「C君と映画の話をした」
「ほかには？　もっと聞かせて」

言葉で思い込みの修整がしにくい場合

紙に書いて，当てはまる出来事を思い出していくのもいいでしょう

① いつものパターンを書く
② たまにあるいいパターンを書く

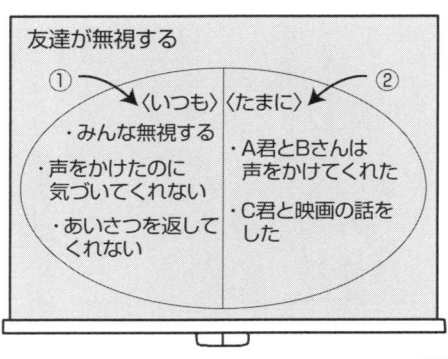

友達が無視する

①〈いつも〉
・みんな無視する
・声をかけたのに気づいてくれない
・あいさつを返してくれない

〈たまに〉②
・A君とBさんは声をかけてくれた
・C君と映画の話をした

「あれー　みんなではないみたい」

「どちらを大事にする？」

留意点　生徒は，「みんな」等の抽象的な言葉で過度な思い込みを強めます。そういう認知の仕方であり，それによって追い詰められやすいことを理解しましょう。また，もし，例外をみつけられなかったとしたら，より絶望を深くしてしまいます。教師自らが，あらかじめ本人の例外をみつけておくとよいです。

3 解決志向ブリーフセラピー
外在化

このような生徒に
泣き虫，怒りんぼう，乱暴者等の目立った行動や傾向は，その生徒の評価に直結しやすいものです。本人がなんとかしたいと思っていても，「どうせやってしまう」という呪縛から抜け出せなかったり，卑下し続けたりします。自分＝特殊という思い込みを切り離し，改善に向けて挑戦する力を高めるのに役立つ技法です。

アイデア　怒りのスイッチを押すのはだれ？

① 生徒が落ちつくのを待つ
- 自分が自分でなくなっちゃうんだ……
- A君とけんかなんてしたくないのに…

② 怒りのスイッチを説明する
- そいつに名前をつけて絵に描いてみよう
- 君が変わっちゃうんじゃないよ　何かが君に入り込んで怒りのスイッチを押すんだ

③ 絵に描く
- ばくはつ男
- 君の弱みにつけこんで爆発させちゃうのってどんな奴？　そいつに何て言って追い出せそう？　どうしたら追い出せそう？

④ 退治する
- しょっちゅう来るな！
- 小さく封じ込めてやる

[留意点] 年齢によっては，描いた絵をげんこつでたたいたり，丸めたり破いたりして，やっつける儀式を行う場合もあります（黒沢，2002）。ここでは，問題を自分から切り離し対象化すること，それを自分が統制するという構造を描くことが重要です。

[応用] どんなときにつけこんでくるのか，どうしたら払いのけられるのかなどを話し合えれば，自己理解にもなりコーピングクエスチョンにつながります。

〈参考文献〉黒沢幸子『指導援助に役立つスクールカウンセリング・ワークブック』金子書房，2002

成功の責任追及

このような生徒に

やれているのに自己評価が低く，成功してもたまたまうまくいっただけと思って次につなげない生徒がいます。そういう生徒に対して，先生方は，いい結果が出たときにほめることで次の努力や成功も引き出せると信じています。ただ結果をほめるだけでなく，よい行動の成功率を上げ，その生徒の自己効力感をあげるために，振り返りに使う技法です。

アイデア　あなたの中のどんな力がそうさせたの？

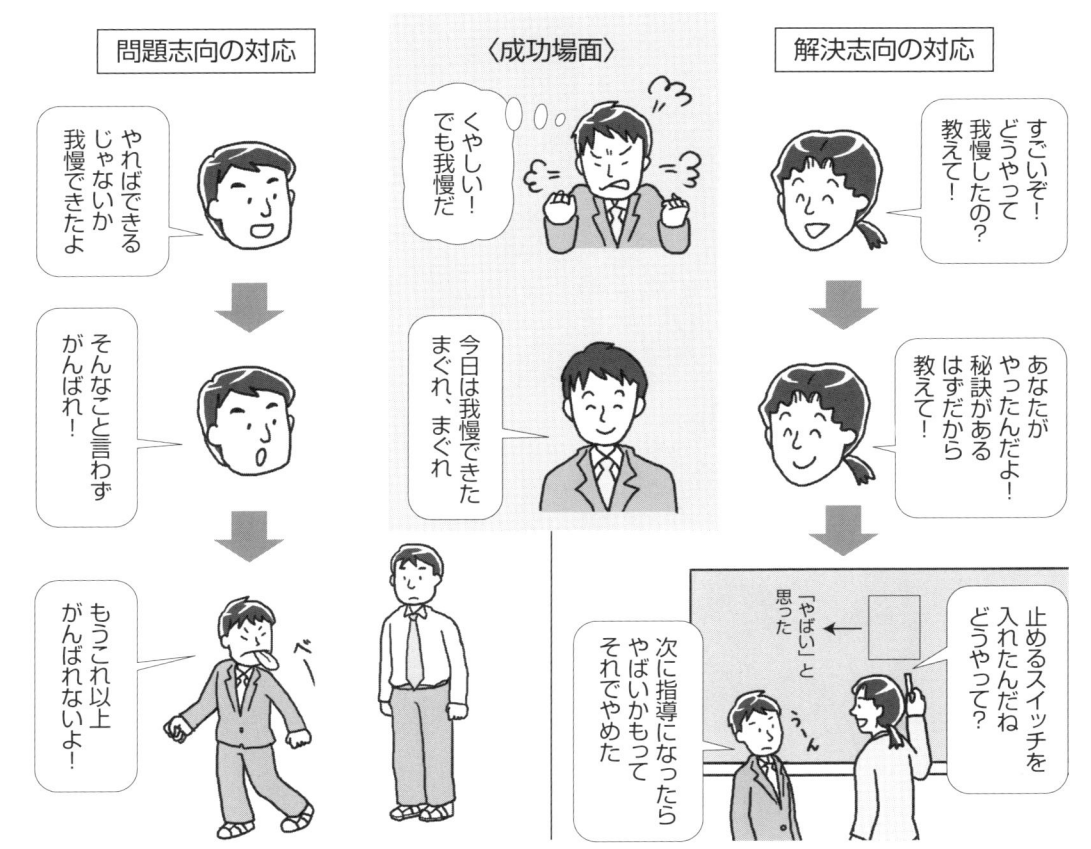

問題志向の対応
- やればできるじゃないか　我慢できたよ
- そんなこと言わずがんばれ！
- もうこれ以上がんばれないよ！

〈成功場面〉
- くやしい！でも我慢だ
- 今日は我慢できた　まぐれ、まぐれ

解決志向の対応
- すごいぞ！どうやって我慢したの？教えて！
- あなたがやったんだよ！秘訣があるはずだから教えて！
- 止めるスイッチを入れたんだね　どうやって？
- 「やばい」と思った
- 次に指導になったらやばいかもってそれでやめた

[留意点] 結果に至った力を探ります。偶然の成功なら「止まった」ですが，本人が関与していると思えば「止めた」「スイッチを入れた」となります。教師が「教えてほしい」という感じで聞くと自尊心が高まり，生徒が考えることを後押しします。

[応用] 言語化されたスキルを紙に書いておきます。同様の状況で，そのキーワードで合図したり，書いた紙を見せたりして，本人が意図的に使えるようにしていきます。

③ 解決志向ブリーフセラピー
スケーリングクエスチョン

このような生徒に

敵か味方か，賛成か反対か，損か得か，白黒つけたい生徒がいます。そんな，オール・オア・ナッシング（all or nothing）の思考パターンは，融通も利きません。これを変えるのに役立つのがスケーリングです。「1」か「ゼロ」かの両極しかないものさしに，小さなメモリを入れてみるとまるで違う世界が見えてきます。

アイデア① 小さなメモリを入れましょう！

① いまの状態に点数をつける

友達とけんかしたんだね　最高にうまくやれてるときを10点　最悪のときを0点とするといまは何点？

そばにいるのもダメが0点…それよりましかな

うーん

気が合って話が楽しいときが10点…

最悪　最高
0 1 2 3 4 5 6 7 8 9 10

② 点数の中身をたずねる

いまは3点かな

3点の気分なんだね　0点ではなく，3点にした中身はなんだろう？

③ 点数の意味を考える

絶交はしたくない　教室移動で待ってくれたし…

3点も捨てたもんじゃない　3点の価値がぎっしりありそうだね

0 1 2 3

留意点　「最低最悪を0点，最高を10点」の幅を具体的にイメージできるよう，間を大事にします。想像が苦手な生徒には，例をあげて書いてあげてもいいでしょう。ものさしの両端が決まれば，いまが何点くらいかをじっくり聞いてあげましょう。

応用　何点であっても，ゼロからの距離をイメージさせることが重要です。ゼロでなくその点にした中身を具体的に聞いていきます。10点との差は気にしません。

このような生徒に

10点を目指す生徒，完璧を求める生徒は，9点以下を否定的にとらえます。努力や成果を過小評価するため，自尊心も向上しにくいのです。ここでは，周囲との比較や，自分の理想との差異は棚上げしておいて，いまの状態に何をプラスできるかだけに焦点を合わせます。

アイデア2 いまより1点，上げるとしたら？

① いまの状態に点数をつける

「朝の親との関係に点数をつけるとしたら？」
「2点!! 毎朝、うるさい」

② 点数の中身をたずねる

「2点あるんだね 2点のよさはどのへん？」
「起こしてくれて朝ごはんもあるから…」

③ 点数を上げる方法を考える

「1点だけ上げるとしたら君にはどんなことができる？」
「「おいしい」って言うとか？」

④ よい結果をイメージする

「それは言えそうなんだ 言うとどうなる？」
「母がうれしそうな顔をする ダメならさっさと出かける」
「なるほど！」

留意点　本人は，周囲が変わらなければ何事も始まらないと思い込んでいます。上の例では親を「うるさい」と感じる自分から，親に「〜できる」自分に焦点をあてていきます。こうして自分が変えられる文脈にすることがポイントです。

応用　上げるのは1点ではなく0.5点でもかまいません。あくまで本人が実行できると思えるよう，具体的な行動のイメージづくりを手伝います。

4 ソーシャルスキルトレーニング
ソーシャルスキルトレーニングとは

1．発達障害のある生徒のソーシャルスキルの問題
　従来から，LD，ADHD，PDD（広汎性発達障害）などの発達障害がある生徒は，思春期・青年期になると，不登校，退学，非行，引きこもり，その他の精神疾患のリスクが高いことが指摘されています。この時期に，これまでの学校不適応の経験が積み重なり，精神科的な問題がいっきに発露してしまうことも臨床現場では頻繁にみられます（横田・千田・岡田，2011）。思春期は，定型発達をしている生徒であれば，これまで押しつけられてきた大人の価値観が崩れ始め，自分で考えて判断することが必要とされるようになります。身体的，生理的にも大人への変化が見え始め，心も体もこれまでとは違った様子になっていきます。発達障害の生徒についても，定型発達の生徒と変わらず，思春期は「自己や情緒」の混乱や葛藤が生じやすいといえます。

　このような時期に，仲間関係，同性のモデルが大きな役割を果たします。さまざまな変化が訪れ，自分とどのように付き合っていくか混乱する時期に，同年齢の仲間が自分を映し出す鏡になり，自己イメージの形成が図られ，自分のあり方や価値観を調整していくようになります。また，他者と興味関心や価値観を重ねることで，自分の特徴を自覚し，受け入れていくきっかけとなります。そのため，個別的なカウンセリング的対応に加え小集団でのソーシャルスキルトレーニング（SST）はとても効果を発揮します。

2．ソーシャルスキルの問題と障害特性
　発達障害がある子どものソーシャルスキルの問題は，直接的に障害特性がかかわっていると言えます。知的に平均域やそれ以上の生徒は，どうすればよいか知識はあっても，障害特性により，うまく実行できないかもしれません（遂行の困難）。知的に境界線域，または知的障害域の生徒，もしくは自閉傾向が顕著な生徒であれば，ソーシャルスキルに乏しく，行動レパートリーが少ないかもしれません（習得の困難）。いくつか，ソーシャルスキルの困難にかかわる障害特性を取り上げてみます。

(1) 空気が読めない，他者の気持ちを察することができない
　他者の気持ちや考えを理解する力を「心の理論」と言います。特に，PDDのある生徒は，この能力に困難があり，直感的に人の気持ちを察したり，相手の反応を取り入れたりすることがむずかしいようです。知的に遅れがないPDDの生徒でも，嘘や比ゆ表現，冗談，皮肉などの裏の意味のあるメッセージや相手の表情や態度をきちんと理解できず，誤解してしまうことも多いようです。

(2) **行動や気持ちのコントロールがむずかしい**

　いわゆるADHDの症状で不注意や衝動性は，後先考えずに安易に行動してしまったり，うっかり口が滑ったり，かっとなりやすかったりなどといった問題を生じさせやすくなります。ADHDの診断がなくても，PDDの生徒にも不注意等は結構みられます。

(3) **気持ちの切りかえがむずかしい，融通が利かない**

　思春期になると，幼児期や学童期にみられた"こだわり行動"はなくなってしまうこともありますが，その代わりに，認知的なこだわりはよく表に現れるようになります。頑固で融通が利かない，人の意見を受け入れない，気持ちが切り替わらないなどといった固執性は，周りの人々だけでなく，本人をも苦しめる場合があります。

(4) **知的理解力，言語的能力の弱さ**

　境界知能域や知的障害域の生徒は，抽象的な思考がむずかしく，教科学習だけでなく対人関係においても理解や判断の面でつまずきをみせます。また，ソーシャルスキルの遂行の面だけでなく，ソーシャルスキルに関する知識や行動レパートリーも少なく，ソーシャルスキルが定着しないといった獲得の面の困難ももち合わせます。

3．ソーシャルスキルトレーニング（SST）

　SSTは，教示（ダイレクトに教える），モデリング（モデルを見せて学ばせる），リハーサル（実際にやって練習，ロールプレイなど），フィードバック（振り返り，強化）等の介入技法を通して，スキルを教えます。詳しくは，SSTに関する専門書，実践書がたくさんでていますので参照するとよいと思います。

　SSTを行う際に，忘れてはいけないのが発達段階（年齢）と障害特性に応じた工夫が必要ということです。従来のSSTの手法に加えて，視覚支援，課題や環境の構造化，言語や認知能力に配慮した教示，ソーシャルストーリーやコミック会話などの社会的状況の整理技法，スクリプトや暗黙のルールの明示などを上手に応用していきます。

　ある通級指導のベテランの先生は，梅干し作り（収穫→仕込み→パッケージ化→関係者に配る）を通して，ソーシャルスキルを指導していました。通級指導の場であっても，生活単元学習的な活動もSSTの格好の機会となります。これから紹介させていただく特設の活動だけでなく，調理，外出，朝の会といった活動においても，また，教科学習を通してでもソーシャルスキルは教えられます。生徒やその教育環境の実態，担当の先生の得意分野などに応じて柔軟にソーシャルスキルの指導を組み込んでいくとよいでしょう。

〈参考文献〉
岡田智・三浦勝夫・渡辺圭太郎ら『特別支援教育 ソーシャルスキル実践集』明治図書，2006
横田圭司・千田若菜・岡田智『発達障害における精神科的な問題』日本文化科学社，2011

④ ソーシャルスキルトレーニング
ソーシャルスキルを知る

このような生徒に
ソーシャルスキルとは，世の中を困らないように生きていくためのコツや，仕事や人間関係を上手にこなすために必要なポイントのことです。ここではソーシャルスキルの指導や活動の導入として，ソーシャルスキルの意義や概念を勉強します。生徒が適度に自身の特徴や学習課題を理解し，具体的な動機をもつことができると，指導効果も高まります。

アイデア① ソーシャルスキルの自己チェック

[実例に学ぶソーシャルスキル]

（ソーシャルスキルの勉強はかっこいい大人になるための第一歩なんだよ）

実例をもとに，ソーシャルスキル活用の意味や具体例，それを学ぶ利点を話し合う

教材の例
・映像教材
　Mr.ビーンの映画などを，ソーシャルスキルが苦手な例として取り上げる（ビーンが空気が読めない行動や奇異な行動をするイギリスのコメディ番組）
・道徳の教材
・教師の失敗談

[リストを使って自己チェック]

（先生もよく空気を読むのが下手って言われるんだ）

・次ページのチェックリストを教師やカウンセラーなどと一緒にチェックする
・チェック項目をもとに，生徒各自の課題を見つけ出し，何を学んだらよいのか話し合う
・生徒の困っていることに寄り添って話し合うことで，生徒が前向きに取り組めるようにする

[留意点] 生徒の年齢や理解力，言語能力により，説明の仕方や実例を調整し，ソーシャルスキルの概念や意義をポジティブに理解できるようにしましょう。

[応用] チェックリストの結果から，自分の課題や，これから何を学んでいったらよいのかを一緒に話し合います。生徒の困難や困っている気持ちに寄り添った姿勢で話し合うことで，前向きに課題に取り組めるように心がけます。

このような生徒に
ソーシャルスキルトレーニングの導入として，生徒の自己理解を助けたり，トレーニングへの動機づけを高めたりするために，下記のようなチェックリストを使用します。ソーシャルスキルの状態，知的能力や言語能力の水準，生徒を取り巻く環境や今後の進路などにより，生徒に合ったチェック項目を設定していきます。

アイデア② ソーシャルスキル自己チェックリスト

●ソーシャルスキルとは，仕事や人間関係を上手にこなすためのコツです。
　だれでも，世の中を上手に生きていくためには学ばなければいけないものです。
●自分の学習課題を知るために，自分にどのくらいソーシャルスキルがあるか，
　先生と一緒にチェックしてみましょう。（　　　）に点数を入れてみよう。

　　（ばっちり10点　まあまあ8点　もう少し4点　これは無理0点）

　（1）友達や知っている大人に挨拶，お礼，謝罪ができる　　　　　　（　　　）
　（2）人付き合いでの礼儀やマナーを理解している　　　　　　　　　（　　　）
　（3）学校での規則やルールを理解して，守れている　　　　　　　　（　　　）
　（4）人の話をしっかりと聞ける　　　　　　　　　　　　　　　　　（　　　）
　（5）自分の意見や気持ちを人に落ち着いて話すことができる　　　　（　　　）
　（6）困ったときには，だれかに相談することができる　　　　　　　（　　　）
　（7）スムーズに会話に入ったり，会話を続けたりすることができる　（　　　）
　（8）周りの空気（雰囲気）が，まあまあ読める　　　　　　　　　　（　　　）
　（9）仲間と協力して班活動や仕事ができる　　　　　　　　　　　　（　　　）
　（10）失敗しても，くじけないで，またチャレンジできる　　　　　　（　　　）

●さぁ，あなたのソーシャルスキルは何点だったかな？　　　合計点（　　　）

●これから上達したいソーシャルスキルを2つ，考えてみよう！
　○
　○

●先生のコメント

［留意点］ その生徒に不必要なもの，過剰適応を強いるものは，項目として設定しないようにします。その生徒が7割くらい達成できている項目を設定し，できていること，がんばっていることなども肯定的に自己理解できるように支援します。

［応用］ 指導の節目に，再度，生徒とチェックリストを実施してもよいでしょう。何を学んだのか，次は何が課題になるのか，建設的な振り返りをします。

4 ソーシャルスキルトレーニング
気持ちを伝える

このような生徒に
視線・表情・態度などの非言語的コミュニケーション行動は，メッセージを伝える重要な手段です。発達障害がある生徒は，他者の非言語的メッセージを読み取れないことがあるだけでなく，自分で上手に活用するのもむずかしい場合が多いようです。言葉だけでなく，表情などにも意味やメッセージがあることを理解することがポイントになります。

アイデア1 にっこり笑顔メッセージ

表情メッセージ

The 表情メッセージ
同じ言葉でもちがう意味
あてはまるものを線でつなごう

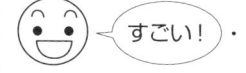

- すごい！ — ・ほめている ・あきれている ・どうでもいい
- バカだな — ・怒っている ・じょうだん ・わらっている ・悲しい ・楽しい
- 上手！ — ・イヤなかんじ ・ほめている ・どうでもよい ・バカにしている ・ほめていない

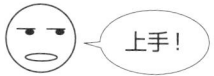

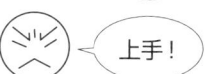

気持ちの伝言ゲーム

「怒っている」　「ごめんね」　「楽しいね」

いろいろな「気持ち」を表情やジェスチャーで伝える伝言ゲーム

タコヤキ笑顔のロールプレイ

「今日も笑顔で『おはようございます』」

教師がモデルとなって笑顔であいさつのコツを示す。

鏡でチェック

「うまく笑えてる？」

留意点　PDD（広汎性発達障害）の特徴が強い生徒は，表情や視線をコミュニケーションに活用することが，かなりむずかしいようです。生徒の実態によっては，指導に限界のあることも念頭に置いておくとよいでしょう。

応用　ペアで表情クイズ（出題者が，目と頬，口などの表情で「心配している」「がんばったね」などのメッセージを相手に伝えるゲーム）を行ってもよいでしょう。

このような生徒に

プライドが高い生徒や，恥ずかしがりやの生徒は，感謝を言葉に表すことができないかもしれません。また，生徒が社会性に欠ける場合は，感謝することの意義に気づけていないかもしれません。思春期，青年期には，仲間への思いやりがさらに重要となります。感謝を伝えるスキルを身につけさせていきます。

アイデア② 感謝を上手に伝えよう

感謝カードをおくろう

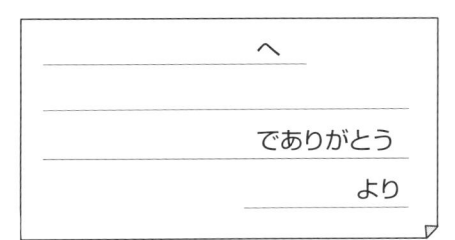

　　　　　　　　　　　　　へ

　　　　　　　　　　　　　でありがとう
　　　　　　　　　　　　　　　　　より

感謝の気持ちを言葉で伝えよう

個別に時間をかけてカードの作成を支援する

聖徳太子ゲームでありがとう

〈やり方〉
① カードをもらう人は前に出る
② 班で一斉に感謝カードを読みあげる
③ カードをもらう人は，各々が何と言ったかを当てる
④ 当たったらその人のカードがもらえる
⑤ ①～③を全員の言ったことが当たるまで繰り返す（当ててもらった人から抜け出ていく）

留意点　言語や社会性に困難のある生徒は，感謝の言葉がなかなか出てこないことがあります。教師が率先して感謝カードを書き，モデルを示したり，感謝の言葉をいくつか示して選択肢としたりするとよいでしょう。

応用　家族や友人などに感謝カードが贈れるとよいでしょう。母の日，敬老の日，誕生日，クリスマスなど機会を上手に活用します。

4 ソーシャルスキルトレーニング
状況に応じて判断する

このような生徒に
「ジョイントアテンション（注意の共有）」や「心の理論」に困難がある生徒は，場の雰囲気が読めず，状況にそぐわない言動をしてしまうことが多くなります。特にPDDがある生徒は，「KY」などと，陰口をたたかれるかもしれません。「空気を読む」「相手の気持ちを察する」とはどうすることか，場面を具体的な要素に分けて理解させていきます。

アイデア1 空気を読むってこういうこと

「空気」を図解する

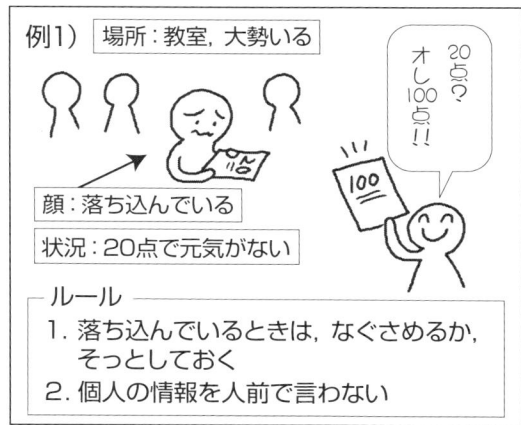

例1）場所：教室，大勢いる
顔：落ち込んでいる
状況：20点で元気がない

ルール
1. 落ち込んでいるときは，なぐさめるか，そっとしておく
2. 個人の情報を人前で言わない

（吹き出し：20点？　オレ100点！！／ねーねー遊ぼうよ）

例2）場所：図書館　時間：授業が始まる
顔：怒っている

ルール
1. 怒っている人はそっとしておく
2. 図書館では静かにする

目は口ほどにものを言うクイズ

どんな気持ち？ のお題
・やったね！！　よかったね！！
・君のことが心配
・話しかけないで
・がんばれ！　ファイト！
・怒ったぞー！

出題者（君のことが心配なんだ）
解答者（泣きそうだから悲しいのかな？）

お題からテーマを選んでペアで問題を出し合う

留意点　「他者の言葉・表情・性格」「周りの状況」「時間と場所」「その場のルール」など，場面を読み取るための具体的な要素を示し，それらの要因に目と耳を澄ますこと，そこから考えることを具体的に教示します。

応用　小集団では，トランプの「うすのろ」や「ドボン」など，相手の表情や反応に注目することが必要なゲームを行うのもよいでしょう。

このような生徒に

「報告・連絡・相談（ホウレンソウ）」は，仕事をするとき，人と一緒に活動するとき，他者から援助を受けるときにとても重要となります。発達障害の困難は一生涯続く可能性があり，成人になってからも他者からの援助を必要とします。信頼のおける大人（教師や保護者など）とホウレンソウができるように支援していきます。

アイデア 2 意外と大事なホウレンソウ

ホウレンソウのロールプレイ

部活を休むときの連絡はどうしたらいいかな　練習してみよう

① ロールプレイで見通しをもたせる

先生，明日の部活は家の用事で行けなくなりました

② 実際の場面で練習したことをやってみる

先生，少しいいですか？

ホウレンソウの場面づくり

- 部活の先生に先に連絡してきなさい／明日部活に行けません
- 担任の先生に相談してみなさい／宿題がたくさんで終わりません
- 持ち物をお母さんに話しましたか？／明日は調理実習です
- 保健の先生に報告しましたか？／××さんがケガをしました

[留意点] 生徒がホウレンソウの必要性を感じていなければ，ただ義務でこなすだけの指導になってしまいます。ホウレンソウの意義，利点を生徒の視点からしっかりと教示する必要があります。

[応用] 調理実習で給食室の職員に調理方法を相談に行く，視聴覚機材を使う際に詳しい先生に聞きに行くなど，日常的にホウレンソウの機会を設定しましょう。

④ ソーシャルスキルトレーニング
隠れたルールを理解する

> **このような生徒に**
>
> 学校や地域社会には，たくさんのルールが存在します。そのルールの大部分は「言わなくてもあたりまえ」のもので，たいていの人は意識せずに理解し，それに従っています。いっぽう社会性に困難がある生徒は，このようなルールを意外と知らないことが多いようです。あたりまえ，つまり「暗黙のルール」を明示して，理解可能なものにしていきます。

アイデア① 学校生活のルールを具体化する

[隠れたルールを見つけよう]

（イラスト：生徒たちが机を囲んで話し合っている様子）
- 「これは何と近いかな？」
- 「これかな？」

〈話し合いの手順〉
① 隠れたルールの意味を説明する
② 教師の主導で自由に意見を出し合う
　（人の意見は批判はしない）
③ 意見はポストイットに書き，模造紙に貼る
④ たくさん貼り出されたら，似たルールや相反する
　ルールなどを整理して近くにまとめる
⑤ 状況によってルールが変わる場合もあることを説
　明しながら，教師が知っておいてほしいお勧めの
　ルールを強調する

[マイ・ルール・ブック]

① ルールを標語などにする

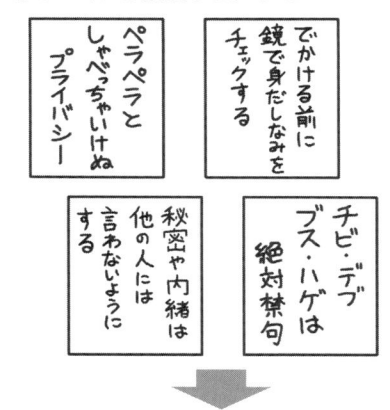

- でかける前に鏡で身だしなみをチェックする
- ペラペラとしゃべっちゃいけぬプライバシー
- チビ・デブ・ブス・ハゲは絶対禁句
- 秘密や内緒は他の人には言わないようにする

↓

② ファイルにまとめる

（イラスト：「マイルールブック」と書かれたファイル）

ルールに関係する出来事が起きたり
確認が必要になったときに
すぐに取り出して振り返りをする

留意点 隠れたルールを理解しておくことの利点を教師の実体験などから具体的に説明し，生徒に理解させるとよいでしょう。

応用 ソーシャルストーリーの手法（参考文献：キャロル・グレイ『ソーシャル・ストーリー・ブック』クリエイツかもがわ）も有効な支援方法です。

このような生徒に
「隠れたルール」は，「暗黙のルール」「潜在カリキュラム（ヒデュン・カリキュラム）」と言われ，社会性に弱さがあったり，社会的経験に乏しい発達障害の生徒にとってたいへん習得しにくい厄介なものの一つです。さまざまな場面におけるこれらの知識を，ゲームを通して楽しく身につけていきます。

アイデア 2 隠れたルールカルタ

読み札	取り札
怒っている人や悲しんでいる人の前では	ふざけるなかれ
ひとりごとは人前で言うと	はずかしい
相手にいやな思いをさせてしまったら	まじめにあやまろう
相手の容姿のことは	指摘するな
プライバシー	だれでもかれでも言いません
自慢話，たくさんしすぎると	まわりはうんざり

〈カルタの遊び方〉
① 右のようなペアのカードをたくさん作成する
② 教師が「読み札」を読み上げ，それに合った「取り札」を生徒がとる
③ 取り札をとった人は，2枚のカードを続けて読み上げる。みんなでそのルールについての実際のエピソードを出し合ったり，ルールについての意見を言い合ったりする

(留意点) ワイワイ楽しみながらカルタをしましょう。教師は「このルールを知らないで失敗した」などと，自身のエピソードを話して聞かせてみてもよいでしょう。

(応用) カルタ以外にも，ペアカードを使ってさまざまなゲームができます。例えば，神経衰弱やペア探し（カードを拾ってペアになる仲間を探す）などができます。

4 ソーシャルスキルトレーニング
人との距離感を保つ

このような生徒に

中学・高校生になっても，目上の人に敬語が使えない，人との距離感がつかめない，だれにでもなれなれしくし過ぎたり，いつまでも堅すぎたりするなど，人間関係の取り方が不器用な生徒がいます。人との適切な距離感や言葉遣いなどを，ていねいに指導していきます。

アイデア 1 人間関係マップを作ろう

① **マイ・人間関係マップ作り**
・右のマップの各欄に，当てはまる人物の名前を記入する。

② **タメ口と敬語の学習**
・言葉遣いの学習をする。
・マップを見ながら，どの人にはどの言葉遣いが適当かを話し合う。
・ロールプレイで練習してみる。

③ **距離の取り方**
・人間関係の3つのレベルを説明する。
・マップの人物に，それぞれレベル1から3までのシールを貼ってみる。
・これまでの距離の取り方を振り返り，今後，どのような距離感でかかわっていけばよいのかを教師がアドバイスしたり，生徒に考えさせたりする。

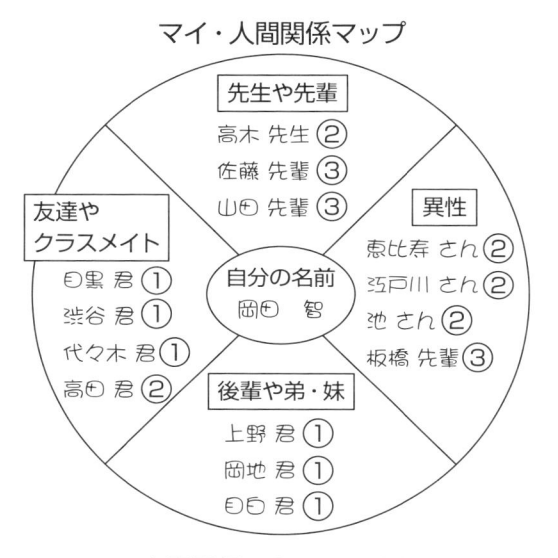

マイ・人間関係マップ

（先生や先輩：高木 先生②，佐藤 先輩③，山田 先輩③）
（異性：恵比寿 さん②，江戸川 さん②，池 さん②，板橋 先輩③）
（友達やクラスメイト：目黒 君①，渋谷 君①，代々木 君①，高田 君②）
（後輩や弟・妹：上野 君①，岡地 君①，目白 君①）
（自分の名前：岡田 智）

人間関係の3つのレベル

	言葉	話す位置	歩く位置
レベル1	タメ口	50cm	ふれる〜
レベル2	ていねい語	1m	30cm〜
レベル3	尊敬語	1m	後ろ
例外	—	—	—

[留意点] 人間関係はきっちり分類できないことが多いので，アバウトな感覚で分けて，マップに書き込むように促すとよいでしょう。人間関係マップや距離の取り方のレベルなどは，生徒の状況に応じて柔軟に設定します。

[応用] このようなプログラムで学習した後には，言葉遣い，距離の取り方などを日常的に具体的場面の中で指導していくとよいでしょう。

このような生徒に

通級指導などの小集団活動の場では，生徒同士のかかわりが大変重要です。同学年の生徒と横の関係が築けない生徒，先輩後輩の縦の関係が上手に取れない生徒には，役割を通してかかわる経験をさせていきます。カードゲームなどの遊びの時間を設けて，よく知っている生徒が初めての生徒に教えていく機会をつくるとよいでしょう。

アイデア 2　ゲームの中で教え合おう

言葉遣い de スイカ割り

- 「ああ，ストップしてください」
- 「左だよ」
- 「右です」
- 「後輩に敬語をよく聞こう」
- 「そこで打て！」
- 「あと三歩かな」
- プレーヤー

〈ルール〉
① 学年混合チーム（異年齢集団）で行う
② プレーヤーを1人決め，プレーヤーは味方を決めるために，先輩　同級生　後輩　のカードから1枚を引く
③ 味方はプレーヤーに正しいアドバイスを行う。それ以外の人は間違ったアドバイスをして邪魔をする
④ 「先輩・先生」には敬語，「同級生」「後輩」にはタメ口でアドバイスする

直伝カードゲーム

- 「今日は私が新しいゲームを紹介しますビトウィーンというゲームです」

〈やり方〉
・自分が知っている（もしくは調べて習得した）ゲームのやり方をほかの生徒たちに説明する
・質問に答えたり，ゲームに慣れていない相手の立場になりながらゲームの進行を考えたりしていく
・黒板に書いて説明してもよい
・直伝する役は，グループの中で順番にまわしていくのもよい

留意点　直伝カードゲームでは，説明をする生徒は事前に説明用紙を作成したり，リハーサルをしたりすることで，見通しをもって本番に臨めるようにします。

応用　通級指導教室のような小集団指導の場では，新入生歓迎会などの機会を利用して，学習の機会を設けていくとよいでしょう。

5 ビジョントレーニング
ビジョントレーニングとは

　視覚の機能は，大きく分けると2つあります。①視覚情報を脳に入力するために必要な「入力機能」，②脳の中で情報を認知する「認知機能」です。

　これら視覚の機能の土台は，通常は6歳ぐらいまでに完成していなければなりません。小学校に入学する時点でまだ完成していなければ，学習面で困難が生じてきます。

　視覚の機能が弱いために，学習がしづらく困っている生徒たちが教室にたくさんいるようです。視覚機能に問題がある場合，例えば次のような問題が起こります。

1．本を読むときに文字や行を飛ばして読んでしまう
2．読み飛ばさないが，自分で内容を推測して読もうとするので，勝手読みが多い
3．どこを読んでいるかわからなくなる
4．文字の形をうまく覚えられない
5．鏡文字・逆さ文字を書く
6．図形の問題が苦手である
7．運動（特に球技）や手作業などが苦手である

　1～3は視覚の入力機能，4～6は認知機能，7は入力と認知機能のいずれかあるいは両方に問題がある可能性があります。

1．視覚入力機能
(1) 2種類の視力

　視力には「遠見視力」と「近見視力」の2種類があります。近見視力は近くのものをはっきり見るために必要な視力で，35～40センチの距離で測定されます。このとき，眼のピント合わせの能力もうまく働いていないと，近くのものがはっきりと見えないことになります。眼科検診などで行う遠見視力がよくても，近見視力はよくないことがあり，本来は遠見と近見の両方の視力を測定しなければなりません。近見視力表は購入することが可能で，測定の方法は遠見視力と同じです。

　近見の視力がよくない場合，本を読むことがストレスになってしまって，嫌がるようになることがあります。近見の視力が弱く，眼のピント合わせ能力の低さに原因がある場合は，近見用の眼鏡をかけてもらうことで読みやすくなることがあります。

　また近見視力のトレーニング方法もあります。2～3ミリくらいの小さな字を眼に近づけて，徐々に短い距離でもピントを合わせられるようにしていきます。また，遠くを見たり近くを見たりというピント合わせの切り替え練習を行います。

(2) 両眼視能力とは

　両眼視能力とは，2つの眼を効率よく寄せたり離したりすることで，遠くのものや近くのものに両眼の向きを合わせ，ものを1つに見るための能力です。これは，ものの遠近感をとらえるためにも必要な能力です。両眼の向きが同じ方向に向けられていないと，ものが2つに見えることもあります。またこの能力が低いと，ものを見るときにストレスを感じるので，顔を傾けて，片眼でものを見ようとしたりすることもあります。本の字が2重に見えてしまったりすることで，読みづらくなってしまったり，飛んでくるボールの遠近感がわからずにボール運動が苦手になったりすることもあります。

　両眼を寄せることが苦手で，近くのものが見づらい場合，寄せ眼のトレーニングで改善することもあります。2～3ミリくらいの小さい視標を両眼の間に近づけ，寄り眼で見ることができる距離を短くしていきます。

(3) 眼球運動能力とは

　眼球運動能力は，両眼の向きがそろった状態で，眼をいろいろな方向にすばやく動かしたり，動いているものを眼で追ったりする能力です。本の字を眼で追う，探しものをするということも，この眼球運動能力がしっかり働かないとうまく行うことができません。眼球が動きづらいため，補助的に頭を動かして読もうとしたり，ものを探そうとしたりしている生徒もいます。眼球運動が苦手な場合のトレーニングは，後のページで紹介します。

2．視覚認知機能

　認知機能は，見たものの形を認知・分析したり，記憶したり，加工（頭の中でイメージして動かす）したりする機能です。

　例えば三角の形を見たとき，頭の中に三角という概念ができていなければ，見ているものが何かということは理解できず，意味のない情報になります。牛の絵を見ても，牛の姿が脳の中に記憶されていなければ，それが何かということはわかりません。見たものが何かということを理解するためには，視覚情報がすでに頭の中にある必要があります。

　上下左右の概念というのも必要です。自分の体の軸を中心として，上下左右という概念が育っていないと，鏡文字や逆さ文字を書いてしまうことがあります。また人の体の動きを見て，まねをして同じように体を動かすということも，自分の頭の中でその動きをイメージして動かす能力がなければ同じように行うことはできません。

　認知機能を高めるために，やさしい形を模倣・操作する練習や，やさしい体の動きの練習があります。毎日10分，半年から1年ぐらいのトレーニングで改善することもあります。

〈参考文献〉北出勝也『学ぶことが大好きになるビジョントレーニング』図書文化，2009

5 ビジョントレーニング
読むことが苦手

このような生徒に
一つ一つの文字は読めるのに，文章になると，読むことがたどたどしくなったり，字や行を飛ばして読んでしまったり，文末を勝手に変えて読もうとしたりする生徒がいます。このような場合，ゆっくりと行を眼で追う動きに問題のある可能性があります。まずは追従性眼球運動の簡単なチェックをやってみましょう。

追従性眼球運動のチェックとトレーニング

追従性眼球運動のチェック

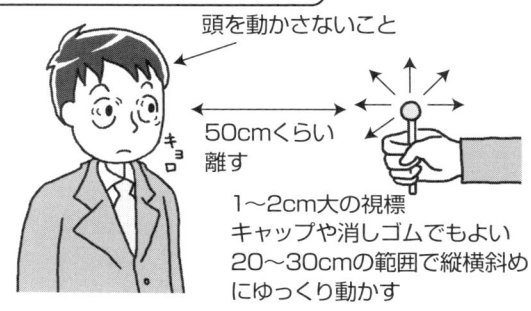

頭を動かさないこと
50cmくらい離す
1～2cm大の視標
キャップや消しゴムでもよい
20～30cmの範囲で縦横斜めにゆっくり動かす

- 顔を動かさないで，眼で追えるかどうかを確認しましょう。
- できない場合は「顔を動かさないで」と指示し，再度確認します。
- 眼が途中で止まって視標から視線が外れてしまう，視標を追わないで動きを予測して眼を動かそうとしている，などという場合は，追従性眼球運動がうまくできていません。

次の練習から始めましょう。

トレーニング方法

1. 視標にタッチ

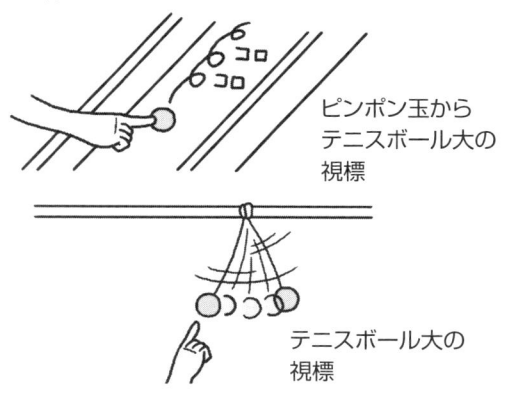

ピンポン玉からテニスボール大の視標

テニスボール大の視標

2. 文字の羅列表

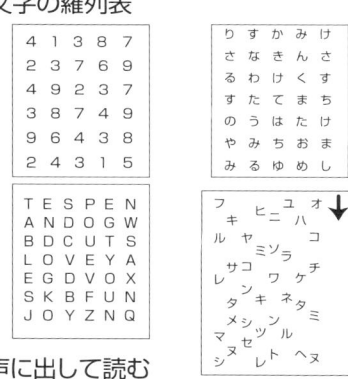

```
4 1 3 8 7
2 3 7 6 9
4 9 2 3 7
3 8 7 4 9
9 6 4 3 8
2 4 3 1 5
```

```
T E S P E N
A N D O G W
B D C U T S
L O V E Y A
E G D V O X
S K B F U N
J O Y Z N Q
```

```
り す か み け
さ な き ん く
る わ け く す
す た て ま ち
の う は た け
や み ち お ま
み る ゆ め し
```

```
フ　ヒ　ユ　オ
キ　ニ　ハ
ル　ヤ　　コ
　ミ　ソ　ラ
サ　コ　ワ　ケ
レ　　キ　ネ　ミ
タ　メ　シ　ツ　ル
マ　ヌ　セ
シ　　レ　ト　ヘ　ヌ
```

① 声に出して読む
② 特定の文字に丸をつける
③ このときも顔を動かさないようにする

[留意点] 楽しくゲーム感覚で行いましょう。集中力を高める効果もあるので，勉強を始める前にクラス全体で簡単に行ってみてください。

[応用] アルファベットやひらがなも羅列表にして，縦読み・横読みをしたり，模造紙大に拡大して，顔を動かさないで眼だけで文字を追う練習をします。

書き写したり探したりすることが苦手

このような生徒に

一つ一つの文字は書けるのに，時間内に板書を写すことがむずかしい，どこを書いているかわからなくなる，文章を速く読み，必要な言葉をみつけるのがむずかしい，目の前にあるものを見つけるのがむずかしいという生徒がいます。このような場合，必要な場所にさっと眼を動かすことに問題のある可能性があります。跳躍性眼球運動のチェックをやってみましょう。

アイデア 跳躍性眼球運動のチェックとトレーニング

跳躍性眼球運動のチェック

- 2つの視標を交互に眼で追わせます。途中で眼が止まらず，一直線に眼を動かして見ることができるかチェックします。
- 横方向に続いて，縦方向と斜め方向もチェックします。
- 顔がどうしても動いてしまう，眼が途中で止まってしまう，眼の動きが曲線になってしまう場合は跳躍性眼球運動がうまくできていません。この練習から始めましょう。

トレーニング方法

1. 目のジャンプ
   ① タテ読み 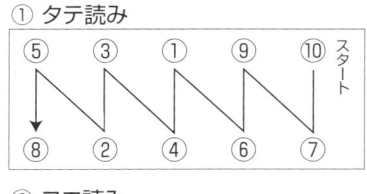
   ② ヨコ読み

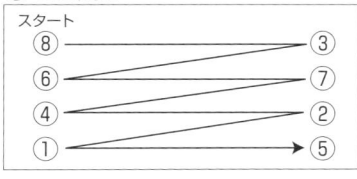

2. 文字探し
   ① 大きい数順 
   ② ABC順 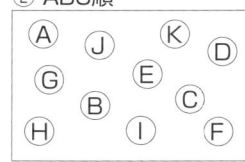
   ③ 五十音順 
   ④ 大きい数順

留意点 最初はスピードを遅くしたり，指の間隔をせばめたり，楽にできるレベルでやっていきましょう。文字探しも文字の数を楽にできるレベルから始めてください。

応用 メトロノームを使ってスピードを速くしたり，紙を傾けて斜めにして行ってみましょう。バランスボードに乗って，身体のバランスをとりながら文字探しをするなど少しずつ負荷をかけていきます。

5 ビジョントレーニング
ものが2つに見える

このような生徒に
本を読んでいるときに疲れてくると文字がぼやけて見えてくる，ものが二重に見えるなどという生徒がいます。このような場合，両眼のチームワークがうまくできていない可能性があります。両眼のチームワークのチェックを行ってみましょう。

アイデア 両眼のチームワークのチェックとトレーニング

両眼のチームワークのチェック

- 視標が1つに見えていることを確認してから，両眼の間に視標を近づけていきます。2つに見えてしまったところで「はい」と言います。
- 2つに見えた地点，または片眼が外にずれてしまった地点が，両眼の間から10cm以上離れている場合は両眼のチームワークがうまくできていません。理想的な地点は2〜3cmです。
- 2つに見え始める距離が20cm以上の場合，念のため眼科で検査を受けましょう。

（図：両眼の間に近づけていく 40cm／2つに見えたら「はい」と言ってね）

トレーニング方法

1. 寄せ眼の練習
   - 1cm大の視標
   - 視標をゆっくり近づけるゆっくり離す

2. ブロックストリングス
   ①ビーズの穴に合った太さのひもに通す
   （5cm, 30cm, 50cm, 100cm, 100cm）
   ②遠くから手前，手前から遠くへと順番にビーズを見ていく

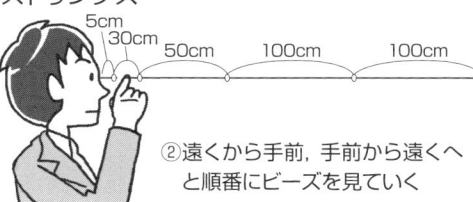

眼を寄せる力が弱い場合

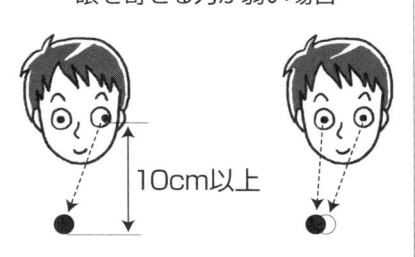

10cm以上

本人の見え方としては，片方の視線が外にずれてしまって対象が1つに見えている場合と，二重に見えている場合がある

[留意点] 固定した斜視がある場合などはこれらのトレーニングを行うのはむずかしいです。ときどき1つのものが2つに見えたりするというような場合はトレーニングで改善することもあります。

[応用] 片方の眼がなかなか寄らない場合，指で視標にタッチしたり，寄るほうの眼をカバーして行うとよいでしょう。

文字の形・図形認識が苦手

このような生徒に
字の形を覚えにくい，鏡文字を書く，図形・グラフなどの問題が苦手という場合，視空間認知の機能に問題があることがあります。図形パズルや点結びのトレーニングを行い，手で形に触れたり，動かして見たりすることで視空間認知の力を高めます。また文字の形を粘土や棒を使って再現することでも，形の認知がしやすくなることがあります。

アイデア 手を動かして形を作る

やり方
① 見本を見ながら，同じ形を作る
② 見本を記憶して，見ないで作る
③ 見本を見ながら，左右反転・90度回転・180度回転した形をイメージして作る

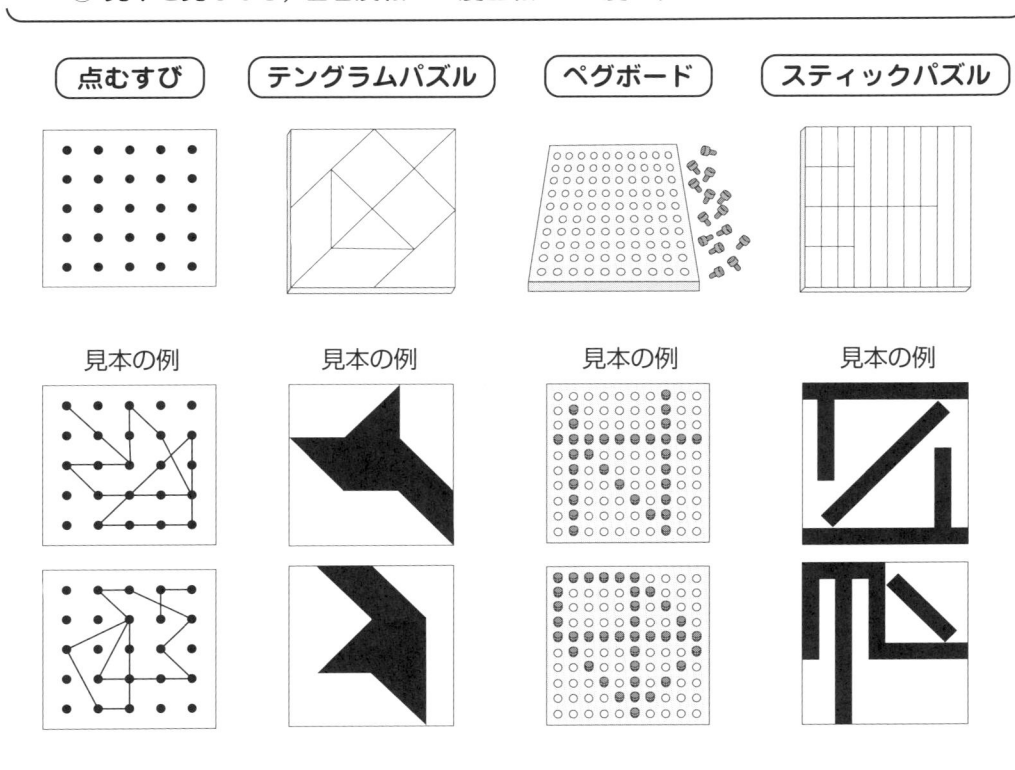

点むすび　　テングラムパズル　　ペグボード　　スティックパズル

見本の例　　見本の例　　見本の例　　見本の例

留意点 見本の形は簡単なものから始め，だんだんと難易度を上げて，自信がつくようにやっていきましょう。斜めの線・交差線などが入ってくると混乱する生徒もいるので，ゆっくりと声かけをしながら練習しましょう。

応用 見本を記憶して見ないで行ったり，頭の中で見本を左右反転させる，90度回転させる，180度回転させるなどやってみましょう。

5 ビジョントレーニング
視機能に問題のある生徒への環境調整

このような生徒に
眼球運動や視空間認知に問題のある生徒が，学校や塾や家庭で少しでも読みやすくなるように，環境の工夫を行います。ただし，生徒にとってどのような環境が好ましいのかは，一人一人違います。どうしたら読みやすくなるのか，本人の意見を取り入れながら，その生徒に合った方法をみつけていきます。

アイデア① 一人一人に合った支援をみつける

眼球運動が苦手な生徒に
① プリントやノートを拡大する
（拡大率は，本人と相談する）

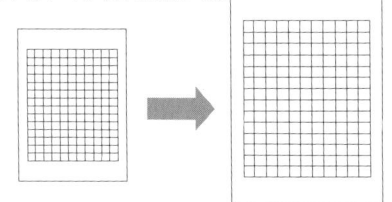

② 行の長さや間隔を調整する

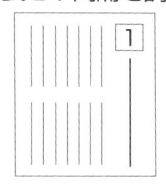

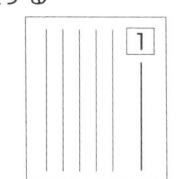

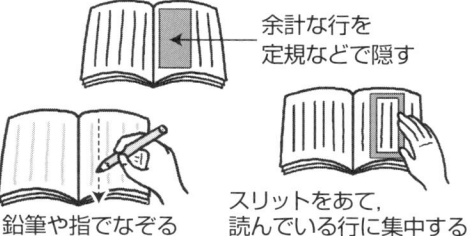

③ 行に定規などをあてる
- 余計な行を定規などで隠す
- 鉛筆や指でなぞる
- スリットをあて，読んでいる行に集中する

視空間認知が苦手な生徒に
① 見本を大きくする
- 大きく太い字で
- 一画目や部首の色を変える
- 右きき用／左きき用

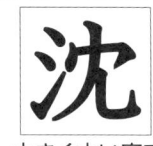

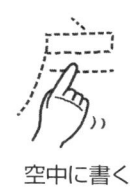

② 大きな動作で書く
- 大きなマスに書く
- 空中に書く

③ ジオボードなどで形を作る練習をする

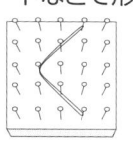

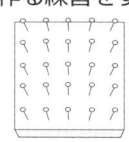

④ 読みやすい文字組みを工夫する
- タテ組み
- ヨコ組み

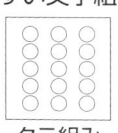

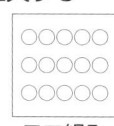

[留意点] 苦手なことは，嫌いになりやすいものです。生徒を学習嫌いにさせないために，日常的に環境支援を行いましょう。トレーニングなども指導はスモールステップで進み，少しでもできていることを一緒に喜び，ほめることが大切です。

[応用] 自分の読みやすい文字の大きさや区切りのスラッシュなどの工夫を探り，本人がパソコンで作成できるようになるとよいでしょう。

このような生徒に

ビジョントレーニングを始める前に，ウォーミングアップとして次のような練習を行うと効果的です。「眼の体操」として，休み時間や授業のすきま時間など，ちょっとした時間にクラス全員で行うのもよいでしょう。

アイデア 2　みんなでできる眼の体操

【近くを見つめる】

・手に持てる物（例えば，シャープペン，消しゴム，筆箱）を見つめてから，それにタッチしたり，自分でそれを持って数秒間見つめたりしましょう。

【休み時間に遠くを見つめる】

・遠くの景色を眺めて，指示されたものを見つめましょう。
（例えば，遊具，雲，木，花，虫など）

【眼と首の体操】

・視線を1点に固定したまま，首を動かします。①タテ，②ヨコ，③斜め，④回転と，順番に動かしましょう。

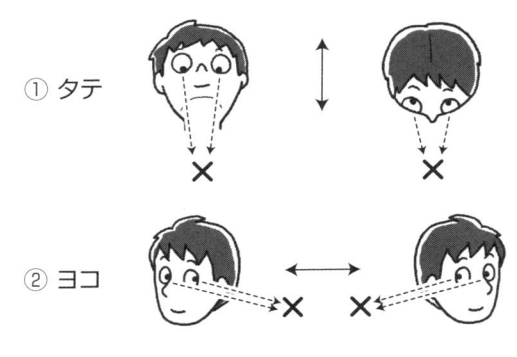

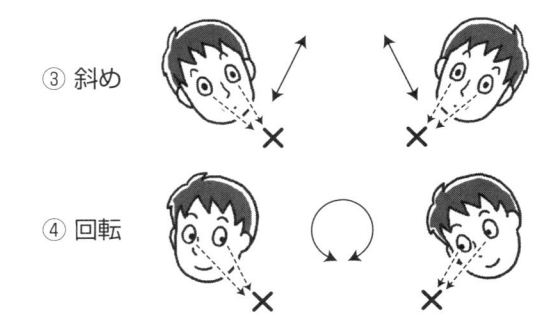

① タテ

② ヨコ

③ 斜め

④ 回転

[留意点] ふだんからこのような練習をさせていきます。
[応用] 「眼の体操」などとして，追従性眼球運動のチェック（P116）や，跳躍性眼球運動のチェック（P117）に，5分程度クラス全体で取り組むと，トレーニングになると同時に，脳が活性化して集中力も高まります。

5 ビジョントレーニング
体を動かすことが苦手

このような生徒に

運動が苦手な生徒の中には，眼球運動が苦手なためにボールを眼で追えない，大縄跳びの縄の動きを眼で追えない，狙ったところにボールを投げたり蹴ったりするのがむずかしいという場合があります。またボディーイメージができていないために，体をどのように動かしたらよいかイメージすることがむずかしく，振付けなどを覚えにくいということもあります。

アイデア① 体を動かしながらの眼球運動トレーニング

ボールタッチ

いまだ　ブラブラ

上級編：ミニトランポリンに乗って行う

頭を動かさないようにしながら
眼でボールを追ってタッチ

お手玉キャッチ

① お手玉を投げて落ちてきたところをキャッチする
② 投げられたお手玉をキャッチする
　・静止した状態で
　・バランスボードに乗って
　・一直線上を歩きながら
③ 一直線上を歩きながら，狙ったバケツにお手玉を投げ入れる

よしとるぞ！

矢印チャート

① 矢印の方向を言いながら，両手で指す

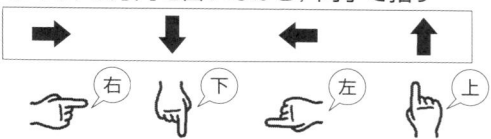

→　↓　←　↑
右　下　左　上

② 片足を矢印の方向へ一歩踏み出す

↙　←　↖　→
左下　左　左上　右

③ 手と足を一緒に動かす

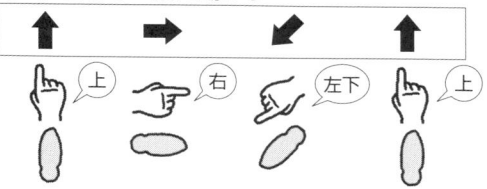

↑　→　↙　↑
上　右　左下　上

④ 絵と同じように，体を動かす
　ゆっくりとしたリズムで行いましょう

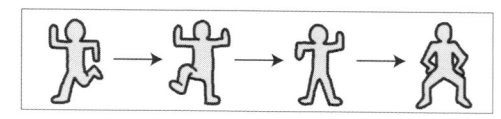

[留意点] 体を動かしながらの眼球運動トレーニングは高度なトレーニングです。細かい作業ができるようになるためには，まずは体が安定するように，体幹部をしっかりとコントロールできるようになることが大切です。ある程度，体を静止した状態で眼球運動ができるようになってから行いましょう。

[応用] 自宅にも矢印チャートを貼って，自分で練習を行います。

このような生徒に

頭の中で，自分の体をどのように動かすのかを思い描くことができないと，体は思うようには動きません。体の動きをうまくイメージするためには，自分の体の部位を細かく認識できることが不可欠です。また，体には上下左右の部分がある，ということがきちんと認識できていないと，外の世界の上下左右の位置感覚も正しく理解できません。

アイデア 2　体の部分を意識するトレーニング

[模倣体操]

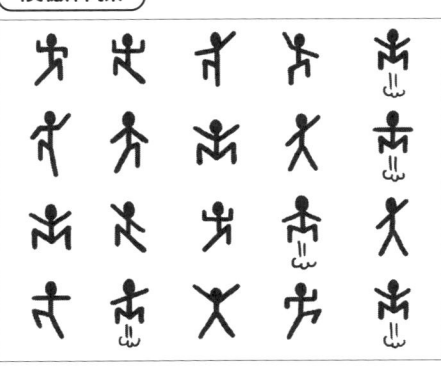

〈やり方〉

お手本の人型と同じポーズになりましょう

① 手の動きをまねしましょう
② 足の動きをまねしましょう
③ 手と足の動きを，いっぺんにまねしましょう

[鏡になろう]

① 右手を上げ，左足を上げるポーズ 
② 右手で左耳をつまみ，左手で鼻をつまむポーズ 
③ 右手で左ひざを触り，左手で右肩を触るポーズ 
④ 左右の腕を反対に回すポーズ

[留意点] 体の部分を認識することがなかなかできない場合には，「ここを動かそうね」と話しかけて，本人に意識させながら，動かしたい部分を実際に触ってあげて，触覚のサポートをしていきます。1日5～10分を目安に行ってください。

[応用] 模倣体操は表の順番を記憶して行うこともできます。無理をせずにゆっくりと記憶する数を増やしてください。

6 中学生の進路指導
発達障害のある中学生への進路指導

1．発達障害のある生徒への進路指導とは

　進路指導は「生き方指導」とも言われるように，自分を知り，自分の能力を客観的に把握しながら，よりよい生き方について模索していく学習です。しかし，発達障害のある生徒にとって，数か月先，数年先のことをイメージし，自己の能力や得意なことを将来の職業と結びつけて考える「進路学習」は，最も不得意なことの一つなのです。

　進学先が自分の特性と合っていない場合は，本人にとって大きな負担になります。その結果，うまく環境に適応できず挫折してしまうことがあります。文部科学省の追跡調査では，中途退学や学校不適応になってしまった生徒は，中学・高校生を合わせて25万人（平成19年）にも及ぶともいわれています（特に，高校１年生の中途退学者が多い）。

　適切な進路を選択するための力は，中学生時代から職業意識をもつことによって，高めることができます。そのためには，実践や体験が大変重要です。先の見通しをもつことが苦手な生徒へは，中学入学後に学校生活が落ち着いた頃から，いち早く「進路選択」の準備を始めることがポイントになります。

2．保護者の姿勢

　保護者は，つまずきのあるわが子を前に，将来の不安にかられることがあると思います。しかし，将来とは，子どもが年代に応じた課題を解決しながら，一歩一歩進む先にあるものです。わが子の進路について，「子どもは自分で選択できないから，親が選ぶ」という考え方が根強くありますが，あくまでも本人に自分で調べさせ，事前に見学させ，納得させて，上級学校に進ませることです。そのためには，保護者も子どもの特性や適性，能力を総合的に見つめ，さらに卒業後に就労することも視野に入れて，進学先を考えていくことが大切です。情報提供の仕方も，子どもが選択しやすいように，先のイメージをもちやすいように，余裕をもって提供し，共に歩む姿勢で話し合っていきます。

　本人に最終決定をさせる意味は，「自分で選んだ学校なのだ」という自負をもつことと，入学してからの厳しい道程でも，自分の行動に責任をもつことにつなげるためです。

3．自分自身を知る

　発達障害のある生徒たちは，自分自身を客観視することが苦手ですし，自分は何が望みなのかを模索することも同様に苦手です。そこで，YES／NOで答えるチャートにして，アンケート形式で尋ねてみると，生徒は自分がどのような生き方を望んでいるのかをつかみやすくなります。例えば，人の世話や相談相手になる福祉や教育の仕事，書類や帳簿の

整理，計算をパソコンで行う仕事，新聞や雑誌，記者のように文章を書く仕事，食物関係や調理をしたりする仕事などの中から，自分に合っているものを選択して整理していきます。結果をすぐに生き方に結びつける必要はありませんが，それを手がかりに職業選びをしていきます。また，自分自身の得意・不得意をしっかり理解することで，現実的な進路を考えさせます。発達障害がある生徒は，自分自身をマイナスに評価しがちで，自分のよさに気づきにくいので，周囲の適切な対応や，プラスの評価が求められます。

4．入試の仕組みと支援体制

　発達障害のある生徒は，中学生の間は十分に能力が開花せず，上級学校へ行ってからぐっと伸びることがあります。東京都の場合，三部制定時制高校のチャレンジスクールや，二人担任制や30分授業を実施しているエンカレッジスクール，通信制や定時制高校など，自分の学習スタイルやペースに合わせて学習を進められる上級学校があります。中学2年生の頃に，「行ってみたい」と思う学校があったら，その学校の入試の仕組みや内容をすぐにチェックします。さらに，3年生になって具体的な進学先が決まったら，進学先でも必要な支援を受けられるように体制を整えます。新しい環境の中でとまどうことなく過ごせるように，進学先にどのような情報を伝えたらよいか，中学校の担任や特別支援教育コーディネーター，専門機関からもアドバイスをもらって準備を進めていきます。

5．特例申請の活用

　発達障害のある生徒は，通常の入試の方法では本来の力を出せないことがあります。試験のやり方や条件を変更して，不利益がないようにしてもらうのが特例申請です。公立高校の入試の場合，手続きにしたがって特例申請し，受理されると，相応の配慮が受けられるようになってきています。発達障害の診断があり，本人にも告知されている場合は，在籍している中学校の校長が必要書類を揃えて受験先の学校に申請できます。

　次の表は，文部科学省による入試の際の配慮事項の一例です。

ＬＤ	・読むことが苦手な生徒には，問題文を読み上げる。 ・漢字の識別が難しい生徒には，問題文の漢字にルビをふる。
ＡＤＨＤ	・保護者に別室待機を許可する。 ・別室を準備して，静かな環境で試験を受けられるようにする。 ・診断がついている生徒へ試験時間の延長をする（他の障害でも同様の措置）。
ＰＤＤ	・集団面接を個人面接に変更する。　　　・介助員の同席を認める。 ・前日に，試験会場の下見を許可する。

〈参考文献〉月森久江監修『発達障害がある子どもの進路選択ハンドブック』講談社，2010

6 中学生の進路指導
進路に見通しをもつために①

このような生徒に

生徒たちは，先輩が中学校を卒業してから，全員がどこかの上級学校へ進学していることを知っています。ですから，自分も小学校から中学校へエスカレーター式に進んできたのと同じように，どこかの上級学校へ進めるだろうと安易に考えています。見通しをもって進路へ向かわせるためには，計画的，段階的に準備させていきます。

アイデア① 2年生からの準備①―中学卒業後のコースを知る―

進路の大枠を知る

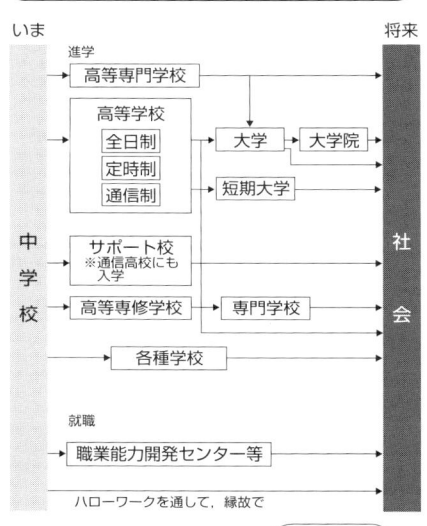

```
いま                              将来
    進学
    ┌─高等専門学校─────────┐
    │ 高等学校              │
    │  全日制  ┌─大学──→大学院─┤
    │  定時制 ─┤              │
中学│  通信制  └─短期大学────┤社
学校│                          │会
    │ サポート校              │
    │ ※通信高校にも入学       │
    │ 高等専修学校─→専門学校─┤
    │                          │
    │ 各種学校────────────┤
    │                          │
    就職
    └─職業能力開発センター等─┘
       ハローワークを通して，縁故で
```

義務教育は中学までその先は，いろいろなコースがあるよ！

公立と私立の違いを知る

	公 立	私 立
①教育方針	それぞれの学校が教育目標を定め，実態に即しながら，特色のある教育活動をすすめている。	創立者の建学精神や教育理念に基づいた個性的な教育を行っている。
②学習面	1，2年が共通科目で基礎学力の向上を図り，3年は進路に応じた科目の選択ができるようにしているところが多い。	教育方針に基づいて必要な教科の時間を多くしたり，2年から文・理コースに分けたり能力別授業をするなど，独自の工夫を凝らしている。
③生活面	生徒の自主性を尊重し，各種のきまりや規則は比較的ゆるやかなところが多い。	人間教育，情操教育に力を入れ，しつけの面でも厳しいところが多い。制服，髪型，アルバイトなどについても厳しく規制しているところが多い。
④大学進学への特典	なし。推薦制度がある。	大学附属校はその大学への優先入学の特典がある。ただし全員が希望学部に入学できるわけではない。
⑤費 用（参考）	全日制：入学考査料2200円，入学料5650円，授業料年額122400円など　定時制：入学考査料950円，入学料2100円，授業料年額33360円など	平均で入学時60～80万円，授業料年額38万円など。学校によって差がある。

留意点 新しい情報に不安になる生徒がいます。「いま，進路先を決めるわけではないから安心してこれからのことを考えていこう」と，不安を取り去りながら説明します。

応用 中学を卒業する15歳から10年先くらいまで，それぞれの年齢で自分がどうなっているか，またはどうなりたいかをシミュレーションして書かせても，イメージがふくらみます。

このような生徒に

入試へ向けての学習は，ふだんの各教科の予習や復習だけではなく，いままで抜け落ちていた教科の復習を計画的に行わなければなりません。ふだんから見通しをもって自習することが苦手です。自分が好きで取り組める教科をみつけることから始めます。さらに，いつ，どのように，どのくらいの量を勉強するか決めて，目標をもって取り組ませます。

アイデア2 2年生からの準備②―勉強の仕方を身につける―

好きな教科を見つける

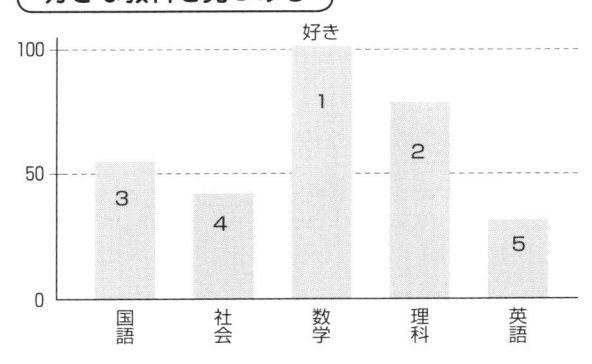

（グラフ：国語3，社会4，数学1，理科2，英語5）

＜グラフの使い方＞
① 自分の好きな教科（点数のとれる教科）を100として，それぞれの教科をグラフに表し，取り組める教科を探す
② 教科に順位を付けて動機付けをする

（吹き出し）理数系が好き!! 英語は苦手だなー

好きな教科の復習方法

内　容	自　習　の　仕　方（例）
教科書	何度も読み直しをする。重要語句をノートに書き出し，意味もまとめる。
参考ドリル	基礎の復習ドリルを選び，答えには解説がついているものを選ぶ。
配布プリント	配付プリントを再度読み返し，理解不足部分はマーカーを引き調べる。
重要語句や用語	何度も書いて用語を覚え，漢字でも書けるようにしておく。

＜復習のポイント＞
① どの教科も，基礎に重点をおく
② 目標を決めて学習する
・1週間，自習する時間を決める
・決まった場所で勉強する
・決めた量（自分でできる量）を必ず終わらせる
・実行できたら自分をほめる。カレンダーや表に印をつける

留意点　目標を設定するとき，本人が少しの努力で達成できるように計画することが重要です。学習量が多すぎるとストレスにもなり，終了できなくなります。一か月ごとに自習方法や復習内容の見直しをしていくとよいでしょう。

応用　この方法は，ふだんの定期考査に向けての学習方法（自習）にも応用できます。

6 中学生の進路指導
進路に見通しをもつために②

このような生徒に

中学校ではさまざまな進路指導の授業が行われますが，生徒たちは，自分の希望や学力を客観的に把握する力も弱く，入試の仕組みなどにも「うとい」ために，わが身のこととして受け止められず真剣に取り組めません。大枠のことから事前に学習させます。

アイデア ③ さまざまな進路と入試方法を知ろう

全日制・定時制・通信制の比較

	通 学	単位認定	卒業資格	終業年数
全日制課程	基本的には月～金（学校によっては土）まで毎日通学し，朝から夕方まで1日6時間程度の授業を受ける。	・決められた時間数以上の授業に出席すること ・定期試験で一定以上の成績をとる	・3年間以上在籍 ・74単位以上習得	3年
定時制課程	月～金（または土）まで決められた時間帯（午前・午後・夜間など）に登校し，1日4時間程度の授業を受ける。			基本的に4年
通信制課程	決められたスクーリングの日と単位認定試験の日のみ登校。通常は自宅学習でレポート課題を作成する。	・与えられたレポートを作成し提出 ・科目ごとに決められたスクーリングに出席 ・単位認定試験で一定以上の成績をとる		3年

受験の専門用語を知ろう

入試日程	願書提出開始から，試験日，面接日，発表日，手続きまで。
願書（私立の場合）	受けたい学校の入学試験に必要な書類のこと。各自で購入して準備する。
出願	入学試験に必要な書類をそろえて，上級学校へ提出すること。
単願推薦（併願推薦）	特別枠での受験で，各上級学校によって中学校での成績や資格，欠席日数などの基準がある（都道府県によって名称が変わる）。
内申点と入試得点	内申点とは，中学校の成績を点数化したもの（素点と換算点）。学力試験の点数と内申点を合計した総合得点が合否にかかわる。
調査書	出願時に中学校側が提出する書類のこと。全教科の観点別評価と評定，3年生のときの出欠の記録，選択教科，総合所見や諸活動記録が記載されている。
ＡＯ入試	学科試験の結果で合否が決まる従来の一般入試とは異なり，論文，志望理由書や面接などにより出願者の個性や適性に対して多面的な評価で合格者を選抜する方法。

（留意点）早期から，あまりたくさんの情報を与えると，かえって混乱する生徒がいます。教えているときの生徒の反応や質問内容に応じて情報量を調整します。

（応 用）全日制・定時制・通信制などの説明時に，生徒が興味を抱いたようなら，少し詳しく説明してもよいでしょう。

このような生徒に

2年生の2学期頃から上級学校訪問が始まりますが、生徒は何をどのように見て、何を質問したらよいかがわからず、漠然と「行ってきた」だけということがよくあります。「学校訪問カード」や「選び方のポイント」に記入させることで、情報を整理し、実際に学校選択するときの参考にできるようにします。

アイデア 4 「上級学校選びのポイント」と「学校訪問カード」

上級学校選びのポイント

上級学校選び

自分が重視する項目に◎をつけましょう。

学校の場所と交通アクセス（通学にかかる所要時間）
男女別か、共学か
教育方針と特徴的な授業
学費（入学金、授業料など）
学科の内容やコースの特色
入りたい部活や行事など
校舎や施設、学校周辺の環境
自分の学力とのつりあい

学校訪問カード

上級学校訪問の記録

学校名				国立 都立 私立
課程	全日制 定時制 単位制	普通科 （ ）科	共学 男子 女子	制服の有無　有無
所在地	郵便番号（ ）-（ ）		電話	（ ）
通学経路（最寄り駅）			通学時間	
訪問高校への連絡方法	事前連絡の必要の有無　（該当するものに○で囲む）（中学校を通して、　個人で、　連絡の必要なし）			
校風、教育方針など		施設設備		
修業年限	年	卒業までに取得しやすい資格・免許		
卒業生の進路状況				
さかんな部活動		特色ある行事		
入試関係	募集人数　　人	試験日	入試科目	
	入試制度・推薦制度			
体験入学学校見学説明会	事前連絡の必要の有無　（　中学校を通して　個人で　必要なし　）			
その他				
この学校へ行ってみての感想				

> 通学1時間はムリだから市内の学校かな
> テニス部のあるところがいいな

留意点　上級学校選びのポイントの項目は、あまり多くないほうが自分の考えを確認できます。学校訪問カードも、太枠のみを利用したのでもよいでしょう。

応用　2〜3校を訪問してきたら、記録した学校訪問カードを並べて、それぞれの学校の特徴や印象や感想を生徒に言わせ、整理しておくとよいでしょう。

6 中学生の進路指導
高校入試へ向けての学習計画

このような生徒に

入試の仕組みがわかっても，希望の高校に合格するためにはどのように勉強に取り組んでよいのか，まったく考えられない生徒がいます。入試へ向けての勉強と言っても，あまりにも範囲が広く，どの教科をどのように自習したらよいかわからず途方にくれてしまうのです。復習する教科を絞り，さらに単元を絞って効率よく学習させていきます。

アイデア 1　受験勉強の取り組み方

＜やり方＞
① 入試に必要な科目などから，復習する教科を絞る
② さらに，重点的に復習する単元を絞り込む
③ 得意教科から毎日１時間は取り組み，計画表にチェックを入れることで，自らを励ます

教科	学 習 の 内 容（例）
国語	漢字練習（漢検から選ぶ）と200字作文の練習
数学	数量：一次方程式・連立方程式・正負の数・平方根・多項式 図形：三平方の定理・角度の算出
英語	不規則動詞・関係代名詞・分詞・間接疑問文・１，２年生の教科書を読む
理科	１分野：電流・化学変化と分子・運動とエネルギー・物質の化学変化 ２分野：大地の変化・動物の種類・天気とその変化・細胞と生物・地球と宇宙
社会	歴史：教科書の黒字太字と年号を覚える，ノートに書き出す 地理：日本と世界（どちらか得意な方）のドリルを購入して復習する 公民：重要語句とノートの見直し

留意点　入試によって教科を絞りますが，どうしても学習意欲がわかないときは，好きな教科から始めてもよいでしょう。

応用　あくまでも基礎の復習をしますが，好きな教科については応用まで進ませて自信をつけていくのも効果的です。

このような生徒に

復習する単元まで絞っても，実際に学習を実行することにたどり着かない生徒がいます。月単位の計画表では，作っただけで勉強した気になってしまうので，短く週単位の計画表を作り，自分で実行可能な目標を設定させます。実行できたら，チェックしながら自分を励ますようにさせていきます。また，授業態度の見直しもモチベーションを高めます。

アイデア 2　やる気を高める学習計画

週単位の計画表の作成

教科	目標	(月)	(火)	(水)	(木)	(金)
国語	漢字		漢字30分		漢字30分	作文 1時間
数学	方程式	1時間		1時間	ドリル30分	
英語	教科書		1時間		音読30分	1時間
社会	公民	1時間				
理科	電流			1時間		
1日の学習時間		2	1.5	2	1.5	2

生徒のモチベーションが上がらないうちに学習に取り組ませるのは，かえって逆効果です。3年生に進級すると意識が変わるので，1学期から計画表を作って取り組ませます。

観点別評価で授業態度を見直す

特にCがついた授業の改善を考えさせます

教科	国語				社会			数学			理科		音楽				外国語(英語)			
観点別学習状況	国語への関心・意欲・態度	話す・聞く能力	書く能力	読む能力	言語についての知識・理解・技能	社会的事象への関心・意欲・態度	社会的な思考・判断・表現	資料活用の技能	社会的事象についての知識・理解	数学への関心・意欲・態度	数学的な見方や考え方	数量や図形などについての知識・理解	自然事象への関心・意欲・態度	科学的な思考・表現	観察・実験の技能	自然事象についての知識・理解	音楽への関心・意欲・態度	音楽表現の創意工夫	音楽表現の技能	〜	生活や技術についての知識・理解	コミュニケーションへの関心・意欲・態度	外国語表現の能力	外国語理解の能力	言語や文化についての知識・理解
評価																									
評定																									

留意点　入試得点と内申点の総合得点によって志望校を探すこともありますが，学校の成績にあまり神経質にならないように留意します。

応用　観点別評価を上げるための予習や復習を，週の学習目標にしてもよいでしょう。

6 中学生の進路指導

高校入試の面接練習

このような生徒に

入試の面接では緊張感が高まって，思うように答えられなくなる生徒がいます。公立校でも私立校でも面接がないという学校は少なく，個人面接やグループ面接，保護者同伴面接などもあります。面接時間も5～30分と幅があります。生徒にとっては初めての体験ですから，礼儀作法や質問に対しての答え方までていねいに事前に練習します。

アイデア1 面接に向けての準備

【自分の特徴を知ろう】

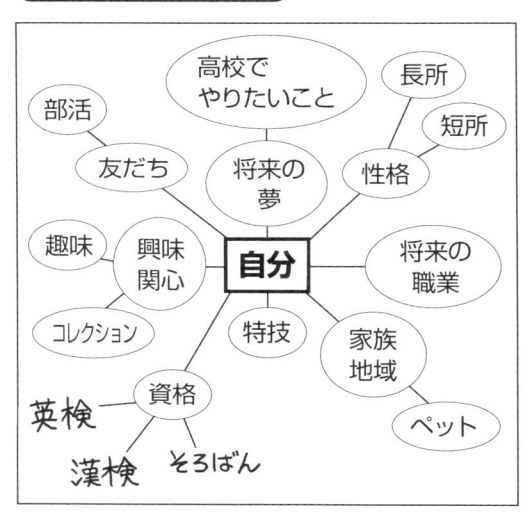

部活／友だち／趣味／コレクション／英検／漢検／そろばん／資格／興味関心／高校でやりたいこと／将来の夢／特技／長所／短所／性格／自分／将来の職業／家族地域／ペット

面接ではあなたがどんな人かを知るためにこのような質問をされますよ

【礼の仕方】

立礼（会釈）
- 指先をのばしてそろえる
- 顔を起こせば話せる
- 両足をそろえる

普通のおじぎ
- 腰から曲げる
- 手はももの中ほど
- より深くすればていねい
- ていねいな礼ではひざへ

面接室に入ったら
あごを引いて姿勢をただす → 「よろしくお願いします」 → ニッコリ！

[留意点] 「自分の特徴を知ろう」については，苦手なことやできないことばかりに目が向かないよう留意します。

[応 用] 礼の仕方は，座礼，廊下でのすれ違いのときの礼の仕方などへ広げて学習できるとよいでしょう。

このような生徒に

発達障害がある生徒にとって，初めての場面で質問されたことに対して，自分のことをプラスに表現するのは最も苦手なことの一つです。正直すぎて「○○は苦手です」「先のことは，考えたことがありません」と言ってしまうことがあります。事前に，質問への答えを作文することで整理し，相手に好感がもたれる言い方を練習します。

アイデア2　日頃から練習しよう

言葉遣い

自分の呼び方	男女とも「私は」でよい
語尾	「～です」「～ます」になるようにていねい語で話す
家族の呼び方	日頃から「父・母・姉・兄・叔父・叔母・祖父・祖母」に慣れる
だから・なので	「～だからです」「～のためです」に言い換える

好感度の高い話し方

- 表情（堅くならないように鏡を見ながら）
- 話すスピード（早口にならないようにする）
- 感情を込め，抑揚をつけて話をする
- 声量（小声・大声にならないように）
- はじめに結論を述べる（だらだら話さない）
- 相手の目を見て話す（または鼻かノド）

質問への答え

よく聞かれる質問	事前に作文しておこう
本校を志望した理由は何ですか	
あなたの長所と短所を言ってください	
あなたの趣味や特技は何ですか	
入学したら，何に力を注ぎますか	
最近，関心をもっていることは何ですか	
中学校生活で一番印象深いことは何ですか	
1分間で，自己PRしてください	

[留意点] 過去にできなかったことや反省点を改善する内容ばかりにならないよう，答え方を教師が一緒に考えます。

[応用] 実際の面接と同じように場面設定して練習します。ほかの先生や校長先生にも協力してもらえるとよいでしょう。

7 高校の進路指導

発達障害のある高校生への進路指導

1．高校生の進路指導とは

　高校卒業後の進路選択の特徴として，まず「選択肢そのものが大変多くなる」ということがあげられます。進学の場合，四年制大学・短期大学・専門学校などの校種選択や，学部・学科・専攻などの細かな選択もしなければなりません。最近は入試方式も大変バラエティに富んでいます。就職する場合には，当然ながら実社会へ踏み出すことになるわけで，中学校までの進路選択とは性質が大きく異なってきます。

　このように進路選択のあり方は個々のケースによって大きく異なるため，学校で行う進路指導も一般論ではなかなか進まないことが多いです。ただし，一つ確実なことは，高校生という年代を考えるなら，それまで以上に生徒の「自己決定」を重視する観点がきわめて重要なポイントになるということです。そして，発達障害があることにより「自己決定」の苦手な生徒には，よりきめの細かい支援を行うことが重要になります。

2．保護者の姿勢として望まれること

　高校生になれば，思春期ですから保護者からの指示や干渉を嫌うようになってきます。これは，「自己の独立」という観点からみれば至極当然なことですが，発達障害があり困難やつまずきをもつ高校生の保護者にとっては，このような子どもの姿を見ていると，どうしても不安感が先立つようです。

　子どもが「親離れ」をしようとしているのですから，保護者としては適度な距離を保ちつつ，必要なときに必要なだけの支援ができるよう心がけておく必要があると思います。そして子どもの側から支援を求めてきた場合は，過度の干渉にならないように注意しながら，いわば人生の先輩としての立場から適切な助言をしてあげることが大切です。

3．進学について

　現在は，高校卒業後，70％以上の生徒が大学・短大・専門学校などに進学しています。また，事実上の「全入時代」に突入しており，「えり好み」さえしなければ進学は可能です。その一方で，不本意入学や学力不足などが原因で，中退率が上昇してきています。

　このようなときだからこそ，発達障害がある生徒は自分自身をよく知り，将来の希望や人生設計などとよく照らし合わせ，進学先を決定していく必要性があるでしょう。もちろん，長い人生において計画や予定変更というのは当然ありますが，発達障害等の困難のある高校生の場合，このような計画・予定変更が苦手なケースが多いものなのです。

4．就職・就労について

　昨今の高校生に対する求人状況は極めて厳しいものがあります。また，せっかく就職しても，さまざまな理由により短期間で離職してしまう者も増えています。これは，「最近の若者はこらえ性がない」などという単純な理由ではなく，明らかに就業条件の悪化や雇用形態の問題などが背景にあります。実際に若年労働者の非正規率は年々上昇しています。就職・就労を考えるには，このような社会情勢にも注目していく必要があります。

5．大学・短大・専門学校などの入試や支援体制について

　障害のある生徒に対する入学試験での配慮や入学後の支援体制は，欧米等に比較し，日本での取組みは大きく遅れをとっています。それでもここ何年間かで，少しずつですが進み始めてきました。しかし，発達障害への認識はまだ低く，本格的な支援についてはこれからの大きな課題です。生徒を送り出す高校教師の側に必ずしもノウハウが多いとは言えないため，保護者が情報を提供し，学校外部の組織・機関などと連携しながら必要な支援を得ていくといった実態もあるようです。

　大学入試センター試験や各大学での入試における発達障害への配慮も，制度としては始まったばかりです。この制度を利用するには事前申請をする必要があり，申請してもすべてが認められるわけではありません。また入学後の支援体制を必ずしも保障するわけではありません。いずれも今後の大きな課題です。しかし，制度として利用できるものは，最大限活用しリクエストしていくべきでしょう。

6．就職・就労の支援の仕組みと支援体制について

　障害者の就職・就労に対する公的な支援制度には，従来は「障害者手帳」を取得した，いわゆる障害者枠しかありませんでした。しかし最近では発達障害も含め，手帳の有無にかかわらず，利用できる公的支援や制度の幅が広がってきました。ただ，まだ十分なものとはいえませんし，本人や保護者が「特別扱い」されることを嫌うケースもあります。利用に際しては事前の十分な調査や，意思確認などの調整作業が必要になりますが，本人の利益につながるのであれば，既存の支援制度を上手に効果的に活用すべきでしょう。

　ただし通常の高校では教師にこのような情報収集のノウハウが少なく，むしろ保護者のほうが情報を豊富にもっていることもあります。保護者・学校・外部機関などがうまく連携を取り合い，本人の意思や自己決定を最大限尊重しながら進めていくことが進路指導の大きなポイントになるでしょう。

7 高校の進路指導
自己理解を深める

> **このような生徒に**
>
> 「自己理解を深める」とは，言い換えれば「自分とは何か」について考え，それを受け入れていくことです。自分について考えるためには，身近な同年齢者の言動を，自分のもっているそれと比較することが必要ですが，自己認知スキルの弱さなどが原因で，これらの作業が苦手な生徒がいます。このような場合，教師などからの働きかけが大切です。

アイデア① 「自己理解シート」や「気づきシート」の利用

自己理解シート（自分の興味関心・得意分野などについて記入する）

質問項目（例）	小学生のころ	中学生のころ	いま（高校生）
① 大好きだった「こと」や「もの」は何ですか？			
② 好きだった理由は？ どんなところが好きだったのですか？			
③ そのことでどのような体験をしましたか？			
④ 周りに同じような仲間がいましたか？ 一緒にどのようなことをしましたか？			

気づきシート（他者からの気づきを自分の気づきと比較する）

項目（例）	A君の気づき	B君の気づき	C君の気づき	あなた（本人）の気づき
① クラスのみんなはあなたをどう思っている？				
② 担任の先生はあなたをどう思っている？				
③ 下級生（上級生）はあなたをどう思っている？				
④ ○○さんだけが気づいている，あなたのよいところ				

留意点 「気づきシート」に記入をお願いするメンバーの選定は十分に考慮します。記入の際はあくまでも個人の長所に着目し，短所については「裏返し」の発想を使うようにさせます。例えば「口下手 → 落ち着いている」「多動 → 行動的である」などと言い換えます。

このような生徒に

自己理解を深められない生徒に，身近なゴールを設定したり，どのようなステップを踏んだらよいかを考えさせたりするために，PATHの技法を用いて，将来までのプロセスをシミュレーションさせてみます。学級の班活動として取り組んでもよいし，グループ討議などの共同作業を通じて，相互理解を図り，対人関係の取り方を学ばせます。

アイデア 2 PATHを用いたグループワーク

> **― PATH (Planning Alternative Tomorrow with Hope) とは ―**
> 障害者本人とそれにかかわる多くの人が一同に会して，その人の夢や希望に基づきゴールを設定し，そのゴールを達成するのための作戦会議。ここでは，高校生だけのグループで行いますが，ときには教師が加わってもよいでしょう。

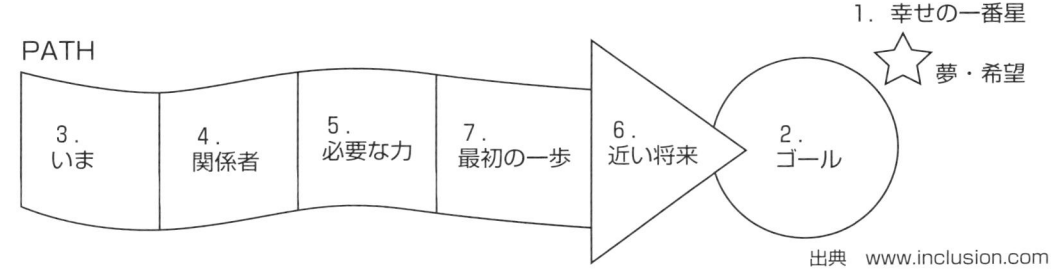

PATH

3. いま / 4. 関係者 / 5. 必要な力 / 7. 最初の一歩 / 6. 近い将来 / 2. ゴール / 1. 幸せの一番星 夢・希望

出典　www.inclusion.com

PATHのステップ

1. 幸せの一番星	自分の夢や希望について本人が語る
2. ゴールを設定する・感じる	1年後か3年後，または20歳前後に設定する
3. いまに根ざすこと	どこに私／私たちはいるのか，ゴールと比較して，いまどのような状況にあるのかを，話し合う
4. 夢をかなえるためにだれを必要とするのか	具体的に名前をあげる
5. 必要な力	どんな力を増やしたらいいかを話し合う
6. 近い将来の行動を図示する	近い将来の年月日を記入する
7. はじめの一歩を踏み出す	自分の夢の実現に向かってまず何をするのかを本人が決める

参考文献：干川隆（2002）「教師の連携・協力する力を促すグループワーク」，知的障害養護学校における個別の指導計画とその実際に関する研究（平成11〜13年度），独立行政法人国立特別支援教育総合研究所，43-47

留意点　ゲーム感覚で楽しみながら実施できるようグループのメンバーを選ぶことや，事前の雰囲気づくりに留意します。条件設定に無理があるようなら，指導する教師自らがメンバーに入ることも考えます。ゴールに関する実現性そのものについては，とりあえず問わないでおくことも大切なことです。

応用　参加者各々に役割を与え，ロールプレイとして実施してもよいでしょう。

7 高校の進路指導
就職先についての情報収集

このような生徒に

溢れる情報の中から，見通しをもって，必要な情報を的確に収集することが困難な生徒がいます。生徒本人の希望や特性を十分把握しながら，的確な情報収集ができるよう支援します。会社案内のパンフレットやホームページは，どうしても対外的な「宣伝」目的の要素が強くなります。理解のために，求人票と内容を比較させてみるとよいでしょう。

アイデア1 求人票からの情報収集

注意の必要なポイント

所在地	「本社」の場所で，実際の「就業場所」とは異なる場合が多い。営業所や地方工場，あるいは地方支店などが実際の就業場所になる場合には，正式採用後に決定することもある。
就業時間	「変形労働時間制」の場合は，季節や繁忙期により1日8時間を超えることがある。また24時間操業の工場や終夜営業の小売店などでは，例えば8時間ごとの「交代制」の場合がある。
業種	最近では業種の種類がきわめて多岐にわたっており，実際の業務内容については具体的な「仕事内容」を読まないとわかりにくくなっている。
賃金形態	月給：月を単位として算定される賃金。 日給：日を単位として算定される賃金。支払い時期は月払い，週払い，日払いなどがある。 日給月給：月単位で算定されるが，欠勤があった場合に欠勤日数相当分などを差し引く。 時給：時間を単位として算定される賃金。支払い時期は月払い，週払い，日払いなどがある。
採用状況と離職状況	過去3年間の応募者数と採用者数を比較すると，いわゆる応募倍率がわかる。また離職者数の多少で採用者の定着率がわかる。一般論として離職者数がやたらに多いのは要注意。

パンフレットなどとの比較

	会社案内のパンフレット	会社ホームページ	求人票
本社所在地			
就業地			
創業			
企業理念			
従業員数			
主な事業内容			
扱い製品・サービス内容			
求人数			
求人職種			

留意点 保護者が心配のあまり，生徒本人の頭越しに学校に問い合わせをすることがあります。学校と保護者との意見交換は確かに大切ですが，高校生という年齢に相応しい，本人の自己決定を大切にした対応が肝要です。

このような生徒に

就職活動の体験談や現在の職場の様子についての卒業生の話は，求人票やパンフレット類では得られない貴重な「生の声」による情報です。ポイントを押さえて話を聞けるように支援します。また，かつては夏休み中の「企業訪問」が実質的な採用につながるといわれました。「見学会」や「説明会」という位置づけであっても，真剣な態度で臨ませます。

アイデア 2　卒業生の話と会社見学での情報収集

卒業生の話，こんなポイントを押さえよう

1　自己紹介（名前，勤務先の会社名・所属部署・入社何年目）
2　進路を決めた時期とその理由
3　進路希望を実現するためにどのような努力をしたか
　◆各教科・科目の勉強方法……どんな参考書，問題集を使用したか
　◆情報収集の方法………………本校進路オリエンテーション，説明会，会社見学，企業説明会
　◆その他…………………………学校生活や家庭生活で心がけたこと
4　入社試験の様子
　◆どんな問題だったか，面接ではどのようなことを聞かれたか，またどう答えたか
　◆作文・小論文の内容（形態，題，字数，制限時間等）
5　入社後のこと
　◆職場で何に取り組んでいるか（内容等）
　◆平均的な日常生活↔高校卒業後の日常生活の変化
　◆現在の職業を選んでよかったこと，また予想外だったこと
6　高校生時代に学んでおけばよかったこと，資格など
7　その他　後輩へのアドバイス

企業見学や企業説明会のあとに

会社見学報告書	3年　組　番（名前）		
会社名		職種	
見学日時	年　月　日（　）　時～　時		
項目	1会社説明　2見学　3面接　4学科試験（国・社・数・理・英・他）　5作文 6適性検査（クレペリン・職業適性検査・他）　7その他（　　　）		
上記項目の具体的内容			
見学者数	自分だけ・　人（全体で　　人位）		
感想など			

（留意点）卒業生の話は，あくまで個人の体験によるものであることを十分に理解させる必要があります。会社見学や会社説明会は，保護者や教師の参加を認めている会社もあります。本人の同意を得て参加するのもよいでしょう。

（応用）体験談を話してもらう卒業生は入社後2～3年目の者が望ましいでしょう。企業宛の正式依頼文書に，話のポイントとしてメモも添付しておきます。

7 高校の進路指導
就職活動に向けての準備

このような生徒に

スケジュール管理が不得手な生徒には，あらかじめ年度当初から決定している進路関係の学校行事について，独自のスケジュールを記入させ，スケジュール管理するように指導します。このような準備がされていれば急な予定変更にも対応しやすくなります。

アイデア1　スケジュール表で見通しをもたせる

進路学習の予定表

月	日	曜	就職関係行事	学校行事	個人予定
6	25	金	第4回オリエンテーション	生徒総会	オリエンテーション参加　午後4時
	26	土			
	27	日			
	28	月	第3回模擬面接		模擬面接　午後4時30分
	29	火			
	30	水			
7	1	木	求人開始		
	2	金	求人票公開開始	期末考査1	①現代国語　②日本史
	3	土			
	4	日			
	5	月	企業見学申込開始	期末考査2	①英語R　②地理B　③古典演習
	6	火		期末考査3	①英語W　②数Ⅰ基礎
	7	水		期末考査4	①古典　②情報処理
	8	木	第5回オリエンテーション		
	9	金	企業見学申込締切		午後5時締切
	10	土			
	11	日			
	12	月	第4回模擬面接	避難訓練	模擬面接　午後1時30分

参　考
就職支援ガイドブック－発達障害のあるあなたに－
　　http://www.nivr.jeed.or.jp/research/kyouzai/24_guidebook.html
発達障害を理解するために－支援者のためのQ&A－
　　http://www.nivr.jeed.or.jp/center/report/practice14.html
発達障害者のワークシステム・サポートプログラムとその支援技法
　　http://www.nivr.jeed.or.jp/download/center/practice17.pdf
就労移行支援のためのチェックリスト
　　http://www.mhlw.go.jp/houdou/2006/08/dl/h0823-1a.pdf

このような生徒に

就職希望の生徒たちは、具体的な就職指導が始まる3学年次への進級までに、各々で周囲の雰囲気や動きを察知し、友人たちと情報交換しながら就職活動の準備を進めていきます。しかし、このような周囲の動きを察知し、必要な行動に移すことが苦手な生徒がいます。見通しをもったスケジュール管理や家庭との協力体制が必要です。

アイデア 2　就職活動準備に向けたアイデア

交換日誌

・本人了解の下、担任や進路担当との情報共有や確認の目的もかねて、交換日誌をすると効果的なことがあります。必ずしも毎日記入する必要はなく、節目ごとでの記入でも十分だと思います。
・本人に対する励ましにもなります。

××年6月28日（○）

（本人）	今日は三回目の面接練習をやった。
（担任）	もうすぐ期末考査が始まりますが、放課後教室で勉強しているようです。
（進路担当）	模擬面接には熱心に取り組んでいます。
（家庭）	最近は家でも面接の練習をしています。

外部機関の情報提供

・地域障害者職業センター、発達障害者支援センターなどでは、職業適性検査や各種心理検査などの実施や、個別の相談に応じてくれます。申し込みは基本的に保護者や本人が行い、原則として、障害者手帳の有無は問われません。就職後は、職場適応援助者（ジョブコーチ）派遣事業による支援もあります。
・教員研修会への講師派遣や、個別事例へのコンサルテーション業務を実施しているところもあります。

○ 発達障害者支援センター一覧
http://www8.cao.go.jp/shougai/soudan/itiran.html
○ 地域障害者職業センター一覧
http://www.jeed.or.jp/jeed/location/loc01.html#03

友人からのサポート

・オリエンテーション等への参加や、締切までに書類を提出することなどは、友人同士で情報交換しながら確認できるものですが、周囲の動きを察知し行動に移すことが苦手な生徒に対しては、口頭での指示だけではなくメモを手渡すか、親しい友人にサポートを依頼するなどのきめ細かい配慮が必要です。
・しかし、最終的には自分のことは自分でできるように必要なメモを取らせるなどの指導も大切です。最近は携帯電話のメモ機能を上手に利用している例もみられます。

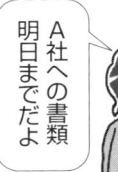

「A社への書類明日までだよ」「ヤバイ」

留意点　高校生の就職活動については、各校の進路指導担当教員が指導するのが原則です。公共職業安定所（ハローワーク）などと連携して進める場合は、本人、保護者の同意を得ながら進める必要があります。

応用　学校外の機関として、「親の会」や非営利団体（NPO）などから得られる情報にも有益なものがありますが、非公式情報である場合には確実性の判断が必要です。

7 高校の進路指導

専門学校や大学への進路の導き方

このような生徒に

最近の専門学校・大学はほぼ全入状態で進学率が70％を超える一方，中退率も増加し学校によっては10％を超えています。これは，明確な目的や見通しをもたない入学者の増加が一因ともいわれています。そのようなことにならないためにも，進学先と本人の興味関心領域，就きたい職業との関係などについて明確化させるためにていねいに指導します。

アイデア① 本人の特性やタイプに合わせた指導

基礎学力が不足している生徒

特に理系では，理科・数学などの基礎学力が不足したままでは，進学後に相当の困難があることを理解させる必要があります。本人の希望と適性とのミスマッチの問題ともいえるので，進路適性検査や入試模擬テストの結果などを示しながら，より適性の高い進路先について一緒に考えます。その際には「できない部分」ではなく，「できている部分」に着目して指導します。

基礎学力は一定程度あるが自信過剰になっている生徒

自己理解や自己評価ができにくいことから，さしたる「根拠」もなく，いわゆる有名校や難易度の高い学校ばかりを受けようとする生徒がいます。なぜそのような言動をするのか一概には説明できませんが，結局は地道な取組みができず進路決定できなくなるケースがあります。本人の進路希望は尊重しながら，プライドを傷つけぬよう併願校などを示していくなど，現実的な代替案を考えさせていきます。

自己有能感が低下している生徒

一定の基礎学力があっても，いままでの失敗体験やその裏返しとしての成功体験の不足などから自己有能感が低下し，潜在的能力を発揮できない生徒がいます。このような場合には，自信を回復することがまず必要になってきます。スモールステップでの学習指導や，英語検定や漢字検定の取得など，見える形での結果を積み上げながら，時間をかけて進学に必要な学力を身につけさせていきます。

留意点　指導する側からみて，実現性が乏しいと思われる場合でも，頭ごなしに否定するのではなく，本人の希望にできる限りそえるようなアドバイスが必要です。視点の切り替えを示唆することで，本人の考えも整理されていくことがあります。

このような生徒に

最近の専門学校・大学の入試方式は実に多様化しています。推薦入試の比率も大きくなっています。学科試験を課さずに，簡単な作文や面接だけで合格させる学校もあるようです。単に「入りやすい」という観点だけではなく，本人の特性や学力に合った適切な入試方式を選択し，そのための受験準備ができるよう指導します。

アイデア2　入試方法と上級学校の情報整理

自分に合った入試方法は？

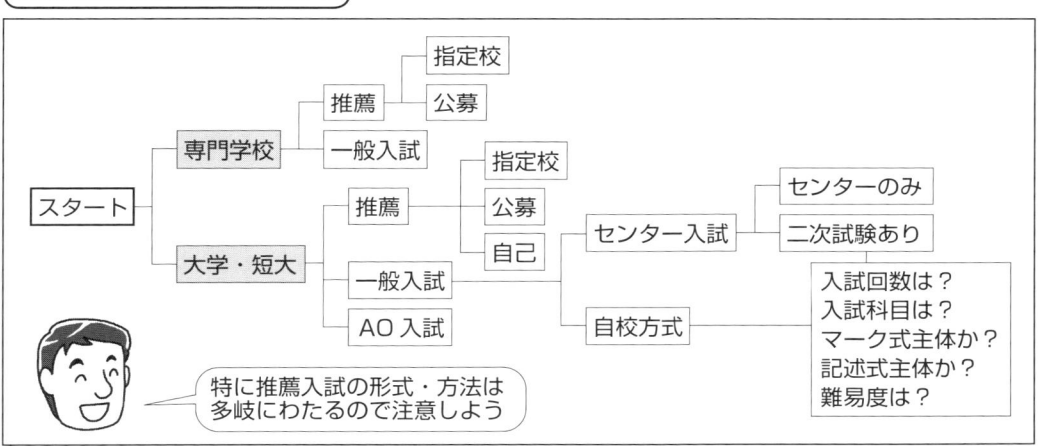

```
スタート ─┬─ 専門学校 ─┬─ 推薦 ─┬─ 指定校
          │            │        └─ 公募
          │            └─ 一般入試
          │
          └─ 大学・短大 ─┬─ 推薦 ─┬─ 指定校
                        │        ├─ 公募
                        │        └─ 自己
                        ├─ 一般入試 ─┬─ センター入試 ─┬─ センターのみ
                        │            │                └─ 二次試験あり
                        │            └─ 自校方式
                        └─ AO入試
```

入試回数は？
入試科目は？
マーク式主体か？
記述式主体か？
難易度は？

特に推薦入試の形式・方法は多岐にわたるので注意しよう

学校説明会の結果を整理しよう

○○学校・××学部・△△学科・◇◇専攻（コース）

	事前に調べたこと	説明会等でわかったこと	評価・感想
取得できる資格			
資格の取得率			
おもな就職先			
就職率			

留意点　オープンキャンパスや学校説明会にできるだけ多く参加させ，そこで得られる情報を整理し，正しく比較・評価できるような，事前・事後指導を行います。特定の学校に対して強い「思い込み」をもつような生徒に対しては，頭ごなしに否定せず，「念のためほかも見てみたらいいよ」という態度で臨むとよいでしょう。

応用　可能であれば，入学後の「支援体制」についての情報を得ながら進めます。

7 高校の進路指導

進学・受験に向けての準備

このような生徒に

専門学校・大学に関する情報が溢れる中，真に必要で重要であるものを選択していく能力が必要です。情報収集の観点と整理のポイントをていねいに指導します。また，大学・専門学校で取得できる資格には，「国家資格」に始まり「団体認定資格」「民間資格」など，さまざまなものがあります。それらの内容や評価について正しく理解できるようにします。

アイデア 1 志望校についての情報収集

学校調べのポイント

①	専門学校の場合，「認可校」であるか否か。
②	いわゆる「伝統校」か，「新設校」か（それぞれに特色がある）。
③	特に専門学校の場合は「取得可能資格」とその取得率について。
④	学部・学科名にのみとらわれず，具体的な教育内容（カリキュラム等のチェック）を調べる。できればオープンキャンパス等にも参加して確認する。
⑤	入学定員・実入学者数・中途退学者数（最近はインターネット等で公開している学校が増えている。入学説明会等でも質問できる）。
⑥	学校の施設・設備について（オープンキャンパス等で確認するのがベスト）。
⑦	入試方式（一般入試・推薦入試・AO入試など）や入試日程について（最近は同一校で，複数方式を何期かに分けて実施するところが多い）。
⑧	学費について。初年度納入金だけではなく，在学期間中に必要な諸経費について（実験実習費・施設設備費・教科書代・その他教材費など）。
⑨	自宅通学が可能か，自宅通学が不可能な場合の経費（学生寮の有無など含む）。
⑩	卒業後の就職状況（最近はインターネット等で公開している学校が増えている）。

どんな資格がとれるか？

国家資格	医師免許，薬剤師，看護師，弁護士など，法律に基づき国家試験で認定する資格。または教員免許など，大学等で必要単位を取得することで認定される資格もある。「独占業務」（その資格なしには業務に従事できない）の資格が多い。大学等での専門教育を必要条件とする資格が多い。
団体認定資格	日商簿記検定や実用英語検定などで，財団法人などが届け出た基準に基づき各省庁や大臣等が認定している資格。「独占業務」の資格ばかりとは限らないが，難易度が高く，社会的評価の高い資格も多い。
民間資格	民間団体が独自に基準を設けている資格。評価はまちまちである。

[留意点]　「学校調べのポイント」に留意しながら，本人に上級学校の情報をチェックさせます。本人が就きたい職業と，進学先で取れる資格との関係もよく調べさせます。

このような生徒に

専門学校や大学の卒業後の将来像が明確でないと，せっかく努力して入学しても意欲が低下し，単位不認定，留年，退学となってしまう場合が少なからず見受けられます。特に資格取得を目標にしている専門学校や短大，大学の学部学科等の場合には，いわば卒業そのものが職業直結となるので，このことを入学前によく理解させておく必要があります。

アイデア 2 将来の就職までビジョンをもたせる

本人への支援	・将来就きたい職業について，本人がどの程度基本的な知識をもっているかをチェックする。 ・その職業に就きたいと思ったきっかけや理由をよく聞いてみる。その中で，その職業についての正しい理解ができているかチェックしてみる。 ・身近な人（保護者・知人・卒業生等）で，実際にその職業に就いている人にインタビューをさせてみる。
校内支援	・進路指導オリエンテーションなど，卒業生の体験談を聞く機会を有効に活用する。 ・普通高校等での取組みはまだ少ないが，高校生対象のインターンシップ（学校近隣の企業・事業所等の協力で受け入れている）を活用する。 ・高校の進路資料室にある，高校生対象の職業案内や職業ガイドの映像資料（ビデオ・DVDなど）を活用してみる。
情報提供	・上級学校のオープンキャンパスなどで，職業紹介や職業研究の内容が設定されている場合があるので参加してみる。 ・高校生対象の職業別ガイドブックを活用してみる。多くの高校では進路指導室や図書館などに揃えられている。またインターネット上でも同様の情報提供をしているサイトがある。
その他	・進路学習でのグループ学習などを通じて，調べた結果を発表したり，意見交換をしたりする。 ・保護者とも十分に相談のうえ，もし可能であれば関連職種でのアルバイト体験も貴重である。ただし，アルバイトが逆効果になる場合もあるので，実施に当たっては慎重に検討する必要がある。

参　考
日本学生支援機構・障害学生修学支援情報　http://www.jasso.go.jp/tokubetsu_shien/
全国障害学生支援センター　http://www.nscsd.jp/
発達障害のある学生支援ガイドブック　http://www.nise.go.jp/kenshuka/josa/kankobutsu/pub_b/b-186.html
発達障害のある学生支援ケースブック　http://www.nise.go.jp/kenshuka/josa/kankobutsu/pub_b/b-210.html

（留意点）　本人自身の将来像が明確でないので，急がずていねいな指導が必要です。どの部分から支援するかは，本人の状態に応じて考えます。

（応用）　最近では，専門学校・大学でも障害学生支援センター等を設置する例が増えてきています。残念ながら発達障害の学生のための支援はまだ不十分ですが，合格から入学までの期間を利用してコンタクトしておくことは必要なことです。

コラム②

特別支援教育に関する法令

特別支援教育を推進するうえで，教師や学校が知っておきたい法令をとりあげます。

■学校教育法等の一部改正 〔2006.4.1〕
「特別支援教育」を学校教育法に位置づけ，すべての学校種において，障害のある子どもの支援をさらに充実させる方針が打ち出された。例えば，小中学校の通常学級に在籍するLD，ADHDの児童生徒等の，特別な指導の必要な者への「通級による指導」が実施可能になった。

■文部科学省初等中等教育局長通知「特別支援教育の推進について」〔2007.4.1〕
改正学校教育法（上記）の施行に当たり，特別支援教育の理念，校内委員会の設置，特別支援教育コーディネーターの指名，個別の教育支援計画の策定と活用など，幼稚園・小学校・中学校・高等学校・中等教育学校及び特別支援学校において，今後取り組むべき事柄が通知された。

■特別支援教育関連学習指導要領改訂 〔2009.3.9〕
2008年1月の中央教育審議会答申「幼稚園，小学校，中学校，高等学校及び特別支援学校の学習指導要領等の改善について」を受けて，特別支援学校の指導要領が，高等学校学習指導要領とともに改訂された。中央教育審議会の答申を踏まえ，教育課程の基本的枠組みと教育内容に関する改善点が具体的に示された。

■著作権法第33条の2改正 〔2008.9.17〕
教科書バリアフリー法施行に併せて改正。著作権者からの許諾を得ずとも，発達障害等の理由から通常の教科書使用が困難な児童生徒の学習用として，必要な方式（DAISY等のデジタル方式含む）での複製と提供が原則可能となった。

■発達障害者支援法 〔2005.4.1〕
発達障害者の心理機能の適正な発達および円滑な社会生活の促進のためには，できるだけ早期に発達支援を行うことが特に重要。発達障害を早期発見し発達支援を行うことに関し，国や地方公共団体の責務を明らかにした。学校教育での発達障害者への支援，卒業後の就労支援，発達障害者支援センター指定等についても定め，発達障害者の自立・社会参加に資するよう，生活全般での支援を図り，福祉の増進に寄与する。

■障害者の権利に関する条約 〔2008.5.3発効〕
2006年12月13日に国連総会にて採択された国際条約。「障害」は個人に内在するのではなく，社会の在り方にあるという視点。障害者がすべての人権や基本的自由を享有することを確認し，その行使のための，必要かつ適切な変更や調整といった「合理的配慮」を提供しないことは差別に当たると規定。日本政府は2007年9月28日に署名するも，現在のところ未批准。

■（改正）障害者基本法 〔2011.8.5〕
「社会的障壁の除去は，それを必要としている障害者が現に存し，かつ，その実施に伴う負担が過重でないときは，（中略）必要かつ合理的な配慮がされなければならない」とされる。

第3章 さまざまな場面での支援のアイデア

1 教室での配慮と支援
- ●学校生活に必要な配慮と支援
- 学校生活に必要な配慮
- 授業やテストに必要な配慮
- 校内支援体制づくりと周囲への啓発
- アメリカに学ぶ配慮や支援方法

2 通級指導教室での支援
- ●通級指導教室での指導とは
- 一人一人に合った指導目標の設定
- 自信をもたせる課題設定
- グループで行う学習
- 不登校・学校不適応への対応

3 ペアレントトレーニング
- ●ペアレントトレーニングに学ぶ保護者支援のヒント
- 家庭でしてほしい行動を増やす
- 家庭でしてほしくない行動を減らす
- 学校と家庭の連携のつくり方

4 保護者との連携と対応
- ●保護者との対応について
- 保護者との面談
- 専門機関との連携
- 保護者との接し方の基本
- 迷ったときの対応のヒント

教室での配慮と支援	1
通級指導教室での支援	2
ペアレントトレーニング	3
保護者との連携と対応	4

① 教室での配慮と支援
学校生活に必要な配慮と支援

1．「配慮」を受けるのは生徒の「権利」

　教室にはさまざまな生徒がいます。一つの指導方法では，すべての生徒が理解するとは限らないということも，教師なら体験的に知っています。発達障害の有無にかかわらず，どの生徒も学べるように支援していく――これが私たち教師の仕事です。

　それでは，40人の生徒に40通りの対応をするのかといえば，もちろんそうではありません。いままでのやり方で大半の生徒が授業を理解していることでしょう。ただ，柔軟に授業の方法の幅を広げ，工夫をすることで，理解できるようになる生徒はさらに増えます。ちょっとした柔軟な対応が，生徒にとって想像以上に大きな助けになることも多いものです。「この生徒が特別」というより，生徒のニーズを見極めて「この生徒にもいい授業」を作ればいいわけです。ある意味で，特別支援教育での「配慮」はこれが発展したものです。

　発達障害の生徒にとっては，現行の授業環境のままでは不当に苦労をしなければならない状況がたくさんあります。「配慮」は特別なおまけをするということではなく，そのような不当な状態を是正するためのものです。車椅子の生徒がエレベーターを使って2階の教室に来ても，だれも「ずるい」とは言わないでしょう。それと同様です。

　発達障害の生徒に必要な配慮を列記すると「あ，そんな工夫はもうやっている」というものも多いでしょうし，そうでないもっと大きな変更もあるでしょう。どちらも教師の裁量で与えられたり拒否されたりすべきものではなく，彼らが学習するうえで必要だと認められた「権利」だという認識に立つことが必要です。アメリカでは専門的な診断査定で必要とされた配慮事項はIEP（日本での個別の指導計画と類似）に記載され，法的にも保障されています。

2．思春期の特質と配慮を行うためのポイント

　中学・高校生――思春期――は自意識が高まり，仲間からどう見られているかをとても重要に思う時期。アイデンティティの確立の時期であり，仲間の中に帰属感，連帯感をもとうとするがゆえに，人間関係の中で「異種」のものをはじき出そうとしたり，そのためにいじめが起こることもあります。賞賛はほしいけれど目立つのは嫌。こんな世代の彼らを支援するには二段構えでいく必要があるでしょう。

　一つは，生徒が自分自身の特性を理解し，必要であればほかの生徒と違う方法を使うことに抵抗を感じないようにすること。「均一性を重んじる日本人と違って，アメリカ人はこれは楽でしょう」と言われることがありますが，そんなことはありません。アメリカの生徒たちも，この年齢の子は「なんで自分だけ」とはじめは嫌がります。それが，この成

長段階においてはノーマルなことなのです。それだけに、周りの大人（教師や保護者）がこのような生徒の気持ちを理解しつつ、本人が自らの特性を理解し、自分のゴールを達成するのに必要なことを選び、本人の努力が効率的なものになるように支援をしていくことが大切です。

　もう一つは、彼らが「みんな」の中に含まれる形を提供することです。教室や学級の運営の仕方をまったく変えずに、みんなを取り込もうとしても無理があります。まず教室や授業のあり方自体など、枠を柔軟にすることから始めます。

3．「みんな」の中に含む指導

　「みんな」の中に含む指導を実現するのに、いちばん必要なのは発想の転換です。いままで「こうでなければならない」とされていたことに、「ほかの方法はないか」と考えてみます。例えば「テストは同じように受けなければ公平ではない」というのが通説になっていますが、私たち教師は「同じように受けるのでは公平でない」生徒がいることも知っています。障害のある生徒に関しては、それを是正する（スタートラインを合わせる）ために、時間延長、別室受験、テスト用紙のレイアウト変更など、いろいろな対応が試されてきました。その生徒の特性に合っていれば、正規の手段として認められるべきものです。

　しかし、これはあくまでも「テストを受ける」ことが前提になっています。「学習が身についているか」を判断することが目的なら、その表現方法はテストだけにこだわらなくてもよいはずです。レポート、口頭発表、実演、作品などでも判断することはできます。理解レベルの基準を内容的に決めておけば、方法は違っても同様に判断はでき成績もつけられます。なにより生徒はそれぞれ自分に合った方法を選べるという利点もあります。ほかの生徒と違う方法をとることがだれにでも許されていれば、発達障害があって独自の方法がもともと必要な生徒も「みんな」の中に収まることになります。

　学習の仕方も同じです。だれかとペアや小グループでやり取りしながらのほうが学習しやすい生徒もいれば、一人で課題に取り組んだほうが集中できるという生徒もいるでしょう。生徒がそれぞれ自分の学習が進む形で課題に取り組むとき、それは見た目には、みんなまっすぐ教師のほうを向いて……という伝統的な授業の様子とは異なるかもしれません。学習が達成されればそういう形態もOKという姿勢が、「みんなちがってみんないい」を実現する授業であり教室になるわけです。そして、そういうことが「あたりまえ」の教室で学習することを通じて生徒たちは多様性の受容を体得していきます。単に言葉で多様性を説くより効果的なのは言うまでもありません。

1 教室での配慮と支援
学校生活に必要な配慮

このような生徒に

教室の環境づくりで必要なことは小学校と変わりませんが，中学・高校では教科別に担任教師が異なるため，生徒の特性を各教科の教師が理解しておく必要があります。また，教科によって，その必要性の度合いが異なることもあります。生徒に自分の特性理解を促し，特別な環境整備の利用を本人に選択させることも必要でしょう。

アイデア1 本人にチョイスを与える

例）ADHDがあるために，注意・集中や，集中の維持が困難な生徒に与えるチョイス

① 適切な配慮と支援について話し合う
- Aさんの特性にあわせて提示できる授業環境を考えましょう
- それが適切か論拠・裏づけも考えましょう

② 生徒に提示する
- ○ 座席の選択
- ○ 休けいの回数
- ○ 指示の方法
  くり返し・言いかえ・視覚提示
- ○ 板書ノートの配付
- ○ 課題の期限延期

先生たちで話し合ってこれらが許されるけどどうしたいかな？

③ 利用について本人に聞く
- ありがとうございます
- 最後部の席なら必要なとき立ち上がってガス抜きします
- 社会と理科は板書ノートをもらえると先生の話に集中できます
- 課題は通常の期限でやってみます

④ 見直しの機会を設定する
- やってみて不都合がありそうならまた検討しよう
- はい

留意点 ほかの生徒と違うと思われることを敬遠して「必要ない」と言う生徒もいます。実際の様子を見て苦労しているようであれば，本人と話し合って最適な利用方法を検討しましょう。支援チームで必要な配慮・環境整備を前もって決めておき，それはその生徒の権利として校内の各教師が認識します。利用にあたっては本人の意思も尊重することが大切です。

このような生徒に

例えば，ADHD の生徒は，通常のことではモチベーションがわきにくかったり，高機能自閉症の生徒は，既習のことを単純に練習する作業に納得がいかないこともあります。また LD の生徒にとっては，表現方法が課題の出来を左右します。本人への選択肢を用意したり趣向を変えたりすることで不要ないざこざを回避することができます。

アイデア ② 課題や提出方法にバリエーションをもたせる

	バリエーションの例
課題の表現方法	レポート，図解，作表，パワーポイントを使った口頭発表，演ずる，模型作品　など
課題の内容	単純な練習問題，発展問題，関連した自作の問題　など
作業の仕方	グループでする，ペアでする，一人でする　など
大きな課題プロジェクトやレポートでの，改善ヘルプ	・期限前に何度でも提出してフィードバックをもらって改善することができる ・採点は最終稿で行うので，安心して何度でもやり直しができる　など
作業のモチベーションを上げるための，ゲーム性の取り入れ方	・課題を順番にしていくと，何かができあがったり，謎が解けたりするような仕組みを入れる ・個人やグループ対抗の競争や，ポイント獲得のシステムを入れる　など
宿題	・単純な練習問題や発展問題など，宿題を数通り用意して生徒に選ばせる ・手書きのかわりにボイスレコーダーに口述させたり，パソコンで入力させたりする ・表現方法にチョイスを与える，教師と個別指導で行う，分量にチョイスを与える　など

[留意点]　生徒のチョイスが本人の特性と合っているか，意識して経過（生徒の選択パターン・偏りや課題の出来）をモニターする必要があります。やってみてうまくいかなかったり，ほかの生徒の目を気にして選んでいたり，チョイスが不必要に偏っていて，しかも効率が悪いときには，ほかの選択肢もトライするように促します。

[応用]　クラスのみんなにこういう選択肢を与えると，発達障害の生徒も楽に選べます。

1 教室での配慮と支援
授業やテストに必要な配慮

このような生徒に

能力やスキルはあるのに肝心なところで力を発揮することができない生徒は，単に注意力不足ではなく，自分のもっている特定なスキルや力を使うことに気づく実行機能の不全があります。教師がキューイング（合図）を与えることで，生徒本人の実行機能にスイッチが入り，力を引き出すことができます。

アイデア① キューイングで注意を喚起する

記憶に保存しておくべきだということに気づかない	記憶の中から何を思い出したらいいかわからない	作業見積もりが悪く課題を完了できない
（ぼんやり）これは大事だよ 中間テストに出るから覚えておこう	（水から水素？）この問題を解くには先週習った電気分解を思い出す必要があるね	（アセアセ）仕上げるには何をどのようにしなければならないかな？時間はどれくらいかかるかな？

新しい考え方やほかの解決法をつくり出す必要性に気づかない	声の調整がうまくいかない	声の大きさ 強さを認識できず自在に調整できない
（あれ～？）これは前にやったことはないね 新しい視点が必要だね	（あーできないードン）今はどれくらいのレベルの声で話すんだっけ？	（テスト中だ 小さい声だ）いい感じだよ 上手に調節してくれてありがとう

留意点　「何やってるの！」「なんで言ったことを聞いていないの？」「いつまでしゃべってるの？」という声かけでは，このタイプの生徒にはあまり効き目がありません。すべき作業を示したり促したりすることが必要です。

応用　はじめは必要に応じて直接的に声かけをしますが，徐々にキューイングを変えて気づきを促し，最終的には自分だけで機能できることを目指します。

このような生徒に

テストの形式や実施の仕方が特性に合わないために，十分に力が発揮できず，努力して勉強したことが表現できない生徒がいます。その生徒の特性を考慮したテスト実施条件を変更することは，スタートラインを公平なところに設定するのと同じことです。

アイデア2 テストのときに必要な配慮

読み書き障害のある生徒に，問題の代読（読みきかせ）や問題が理解できるまで説明することは正当な配慮です。また，多肢選択問題より記述式のほうが楽だという生徒もいますし，ADHDの生徒は時間延長よりも分割受験のほうが集中力が維持できることもあります。生徒の特性や行動パターンを見て，どのような配慮が必要かを決定します。

アメリカの例	日本の例
・時間延長 ・分割受験 ・別室受験 ・テスト用紙のレイアウト変更（フォントの変更，文字の拡大，解答欄の有無など） ・記述式の答案で英文スペルの誤りは減点の対象にしない ・辞書等の持ち込み許可 ・問題の代読（読み上げ）や説明 ・ワープロ使用や代筆者による口述筆記	・別室受験 ・読みに問題のあるLDの生徒に対して，問題文を読み上げる ・試験時間の延長 ・問題文の拡大 ・漢字の識別がむずかしい生徒へ，問題文にふりがなを振る ・面接の順番を早める ・トイレに近い部屋での受験 ※以上は，高校受験，センター試験受験で特例申請があった場合に行われる配慮の例。実際に中学・高校で配慮が行われていた場合に申請できる。

参考文献：文部科学省「高等学校における特別支援教育の推進について」（高等学校ワーキング・グループ報告）より抜粋

留意点　「ずるい，不公平」という批判がほかの生徒や保護者から出たら，毅然として「公平にするために行っていること」を説明します。

① 教室での配慮と支援
校内支援体制づくりと周囲への啓発

このような生徒に
生徒の学習や行動に問題があるとき，関係者を集めて定期的な問題解決型ミーティングを重ね改善を図ります。中学・高校生の場合，生徒本人もここに参加させ意見を聞くと効果的な解決策がみつけやすくなることもあります。また，このプロセス自体が本人に自分の学習や行動に責任をもつよう促すことにもなります。

アイデア1　本人と支援者による問題解決型チームミーティング

参加者
校内チーム，担任，関係教師，保護者＋生徒本人

ステップ①　問題の特定
事実を見える行動の形で伝える
- ✕ だらしがない
- 〇 宿題の提出が一定しない
- ✕ 態度が悪い
- 〇 席を立ち歩く

ステップ②　解決策をブレーンストーム
だれが何をするかを特定する
・次回のミーティングの期日（2週間後，1か月後など）を設定し，それまでにそれぞれのすべきことを決める
・（本人，教師，学校，保護者）記述したものをコピーし，それぞれにその場で配付する

ステップ③　評価と見直し
次のミーティングでは，上記の解決策がどう実行され，その結果がどうなったかを話し合うことから始め，上記を繰り返す

問題解決型チームミーティング	
開催日時	20XX年　○月○日（水）（場所：会議室）
参加者	▽▽，□□，××，◇◇
問題の特定	宿題や課題レポートの提出が一定しない

	目標・すべきこと	結果（△月△日に記入）
本人	宿題を確認して実施。完了した宿題はすぐ鞄に入れる	鞄に入れるのが徹底せず，やった宿題を提出できないことがまだある
教師	宿題の内容をWEBページに更新。提出のときは個別に声をかける。未提出のものはすぐに本人と家庭に連絡	実施。個別の声かけで提出率アップ。未提出のときの連絡を電話でなくメールにしたい
学校・システム	現在出ている宿題や課題が学校WEBページで一覧できるような体制にする	実施した
保護者・家庭	宿題完了を確認	夜遅く仕上げた宿題は朝確認できなかったこともある
次回予定	20XX年　△月△日（水）10時	

留意点　ミーティングに生徒本人を参加させるときは「大人みんなに叱られる」という形にならないようにすることが大切。本人の意見も尊重して耳を貸すこと。解決に向かって何ができるかを提案させましょう。事実が見える形で伝わるようにするために，「だらしがない」「態度が悪い」といった抽象的な言い方はしないようにします。

このような生徒に

特別支援教育はともすると「専門の先生がすること」「支援の必要な生徒に特別の指導をすること」と考えがちですが，うまく機能させるためにはもっと全校的な視点に立つ必要があります。「この生徒が特別」ではなく，「違った生徒がいてもあたりまえ」の学校風土をつくるアプローチを学校全体で行い，だれでも安心していられる学校づくりをしていきます。

アイデア② 三つのサポートから特別支援教育を考える

特別支援教育の充実には「だれでも安心していられる学校」づくりが欠かせません。
「指導的サポート」と「心理的サポート」と「環境的サポート」の三つが不可欠です。

1. 「指導的サポート」は彼らの特性を教師が理解することから始まります。
2. 「心理的サポート」は本人がその特性を受け入れ，必要に応じて人に正しく伝えられるように訓練します。そのように生徒本人が訓練されスキルを身につけても，周りの環境が閉鎖的で堅いままでは障壁は残ります。
3. 「環境的サポート」で周囲への心理教育を行ったり，ピア活動や反いじめ教育などを含む学校全体への社会性情動教育が重要です。

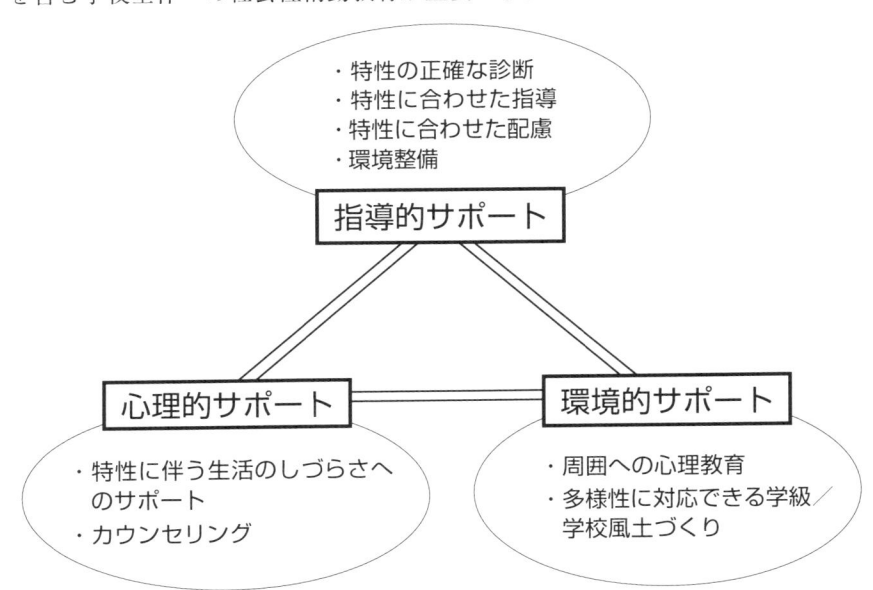

```
         ・特性の正確な診断
         ・特性に合わせた指導
         ・特性に合わせた配慮
         ・環境整備
          指導的サポート
         /            \
   心理的サポート ─── 環境的サポート
   ・特性に伴う生活のしづらさへ   ・周囲への心理教育
     のサポート              ・多様性に対応できる学級／
   ・カウンセリング              学校風土づくり
```

留意点 何よりも教師の姿勢が生徒にいちばん影響力をもっています。教師が教室で日常的に柔軟で受容的な姿勢を実践していれば，生徒たちもそれを当然のこととしてまねをしていきます。また，学校のポリシーに組み込むことも重要です。

1 教室での配慮と支援
アメリカに学ぶ配慮や支援方法

このような生徒に

「黒板の宿題が写しきれない」「メモが下手,不完全」「教師が忙しそうだったので確認できなかった」「課題内容のプリントを紛失」など,日常的に起こる問題。これが宿題・課題提出の不備につながり,叱られたり恥ずかしい思いをしたりして成績に反映してきます。このような生徒でも,オンラインなら家ですべきことの確認ができ,不安も解消できます。

アイデア1　学校 WEB やメールの活用

WEBでいつでも確認

○月○日の宿題
国語:ワークシート
化学:実験レポート仕上げ
数学:ドリル42ページ

3年生の課題
「歴史」レポート
提出期限　△月△日

中間テスト範囲

保護者へのメール連絡

アメリカでは,各授業での遅刻や無断欠席,宿題・課題の未提出,テストの赤点,校則違反などが,その日のうちに保護者に連絡が行く自動メール配信システムを取り入れている中学・高校も多い。家庭でも即刻対応ができるメリットがある。

ヘルプの時間

各教師は時間を決めて週に数回,朝の始業前や放課後に「ヘルプの時間」を設けている。そこでは補講をするのではなく,授業中にできなかった質問や個人的に必要な指導を受けられる。参加は自由だが,授業中の様子や宿題の出来具合を見て,生徒によっては教師のほうから参加を促すこともある。このようなヘルプを時間を決めて,夕刻自宅からメールで行う教師もいる。帰宅して宿題をしている時間に質問できるメリットがある。

今日の課題で聞きたいことは…

(留意点)　メモの取り方や,忘れ物を減らすための整理技術の訓練は大切です。しかし「わからないときには WEB で調べる」という方法に自分で気づき行動できることも現代の生活様式ではあたりまえかつ必要なスキルです。

(応用)　アメリカでは WEB 掲載を義務化している学校もあります。学校の WEB が利用できない場合,Google カレンダーなど無料のサービスも利用できます。

このような生徒に

ノートをとるのが遅い，書字が著しく困難，ディスレクシアで読みが困難などのつまずきには補助テクノロジーで対応が可能な部分もあります。専用の補助テクノロジーは高価で入手しにくいものもありますが，最近は例えば普通のコンピュータなどの一般的なテクノロジーも学習の補助として有効活用できるものが増えて，ユニバーサルになっています。

アイデア 2　補助テクノロジーの活用

コンピュータ

アメリカでは幼稚園から教室にコンピュータが数台あるのがあたりまえです。中学や高校でもクラス全員分のノートパソコンが用意されている学校もあるし，自分のノートパソコンを持ち込んでノートをとることを許可もしています。スペルチェッカーの利用はもとより，単語予測機能つきの作文支援ソフト，音声認識ソフトなども利用されています。デジタル化された教科書を音声と画面とシンクロさせて読むこともできます。教室常設のコンピュータはインターネットにも接続しているので授業中に調べものもできます。

電子黒板

アメリカではかなりの教室で普及してきました。コンピュータの利便性と黒板のよさを合わせた優れたものです。板書が消されてもデータが残っているのでいつでも前の段階に戻れることや，板書をプリントアウトすることもできます。電子黒板の普及により，教え方も学び方も進化したと言われています。

音声再生機器，携帯電話，電子タブレットなど

デジタルブックはMP3形式で再生でき，いまや中学・高校生の多くが持っているであろうiPodなどの音声再生機器や携帯電話で聴くことが可能です。アメリカで販売されている電子タブレットは専用の補助テクノロジー機器やコンピュータと比較して安価で一般的です。いろいろなアプリケーションを搭載することで，文書の音声化など特別支援教育に利用価値が非常に高いと評価されています。

留意点　一般的な電子機器だと「授業中に学習以外のことをするのでは？」と心配になるのも当然です。しかし，補助テクノロジーとして利用価値の高いものであれば危惧のために禁止するのではなく，使い方に関して話し合い，ルールを確認しておくことも必要です。最終的に損するのは自分であることも生徒と確認しておきます。

② 通級指導教室での支援
通級指導教室での指導とは

1．通級指導教室での指導とは
　小中学校の通常の学級に在籍している，言語障害・情緒障害・弱視・難聴などの障害がある生徒のうち，比較的軽度の障害がある生徒に対して，各教科等の指導は主として通常の学級で行いつつ，個々の障害の状態に応じた特別の指導（「自立活動」及び「各教科の補充指導」）を特別の指導の場（通級指導教室）で行う教育形態のことを「通級指導教室での指導」といいます。2006年に学校教育法施行規則が一部改正され（同年4月施行），いわゆる「通級制の弾力化」が図られ，学習障害（LD），注意欠如多動性障害（ADHD）も対象とされるようになりました。通級制度がスタートした1993年度には約1万2千人でしたが，その後，通級児童生徒数は激増しており，文部科学省調べでは，2006年5月1日現在，約4万人が利用しています。
　通級による指導には，自校に設置されている「通級指導教室」に通う「自校通級」と，他校に設置されている「通級指導教室」に通う「他校通級」があります。「他校通級」では移動する時間が必要となるため，放課後などに通級による指導を受ける場合もあります。

2．対象となる生徒
　通級の対象としては，これまで情緒障害者としてまとめられていた，発達障害であるPDDと心因性の情緒障害者が分類され，LDとADHDが新たに加えられました。通常の学級での学習に概ね参加でき，一部特別な指導を必要とする程度であることが通級対象の条件です。週1～8単位時間程度の指導を受け，それ以外の時間は通常の学級で過ごします。これらの障害の状態の改善または克服を目的とする特別の指導が必要とされる生徒が対象になりますので，特別支援学級や特別支援学校に在籍する生徒は通級による指導の対象とはなりません。
　通級による指導の対象とするか否かの判断に当たっては，保護者の意見を聴いたうえで，障害のある生徒に対する教育経験のある教員等による観察・検査，専門医による診断等に基づき，教育学，医学，心理学等の観点から総合的かつ慎重に行うこととしています。就学委員会（各自治体によって名称は異なります）で討議され，条件を満たせば通級できるようになります。その際，通級による指導の特質に鑑み，個々の生徒について通常の学級での適応性，通級による指導に要する適正な時間等を十分考慮することが重要になります。

3．通級指導教室の役割と指導内容
　通級指導教室は，個々の障害の克服・改善と毎日生活している環境への適応を目標とし

ています。通級による指導の授業時間数は,「自立活動」及び「教科指導の補充」を併せて,年間35〜280単位時間（週1〜8単位時間程度）を標準としています。指導に当たっては,一人一人の能力や状態に応じて個別の指導計画を立てて行います。自立活動の内容を中心として,必要に応じて各教科の補充指導を小集団または個別の形態で行います。小集団指導では,人とのかかわり方やコミュニケーションの取り方,集団のルール理解,場面や状況に合わせた行動のコントロール等,社会的な能力に関する指導を行います。また,個別指導では,認知能力や学習にかかわるスキルの習得が中心になります。

通級による指導に際しては,校長,教頭,特別支援教育コーディネーター,担任教員,その他必要と思われる教員で構成する校内委員会において,その必要性を検討するとともに,文部科学省の委嘱事業である特別支援教育体制推進事業等により各都道府県教育委員会等に設けられた専門家チームや巡回相談等を活用することも考えます。

4．在籍校・学級担任との連携

通常学級の担任にとって,配慮の必要な生徒への個に応じた指導を具体的にどう行うかということは,見通しがもちにくいのが現実です。担任の対応やかかわり方は,ほかの生徒のモデルにもなります。通級指導教室の担当教員が在籍学級を訪問し,通級する生徒にとって,安心できる周りのかかわりや安定して過ごせる学習環境の工夫について,担任や管理職とケース会議を開いて情報交換し,お互いの連携を密に図って支援していきます。生徒の発達段階に合わせて通級指導教室と在籍校とが長い目で成長を見守る姿勢が大切です。LDまたはADHDがある生徒については,通級による指導の対象とするまでもなく,通常の学級における適切な配慮やチーム・ティーチングの活用,学習内容の習熟の程度に応じた指導の工夫等により,対応する生徒も多くみられます。

5．保護者への支援

情緒面の発達のアンバランスが大きいにもかかわらず,知的な発達の障害は比較的軽度であるため,生徒の抱える課題をとらえることはむずかしく,保護者の問題意識が薄い場合も多くみられます。正しい問題意識と適切な対応によって,よりよい親子関係がつくられると生徒は安定していきます。特に生徒が行動面に課題を抱えている場合は,しつけや養育の問題と指摘され,保護者自身も悩み孤立する状況になりがちです。保護者への支援は,まず信頼関係をつくることから始めます。

〈参考文献〉
文部科学省『改訂版通級による指導の手引き』第一法規,2006
独立行政法人国立特別支援教育総合研究所HP「通級指導の役割」,2012

② 通級指導教室での支援
一人一人に合った指導目標の設定

このような生徒に
最近は，医療機関で発達障害の診断を受けている生徒が増えています。また，診断はされていなくても，教育相談所や巡回相談員，スクールカウンセラーから，教育的判断として「○○のような傾向があるようです」と言われるケースも増えています。このような生徒たちへ，個別の指導計画を立てて支援をしていきます。

アイデア① 目標設定のための情報収集

願いや困っていること

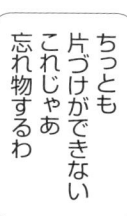

- 本人から：英語ができるようになりたい！
- 保護者から：ちっとも片づけができないこれじゃあ忘れ物するわ
- 学校から：集中して聞きなさい

認知特性

認知特性	特性から考える目標
短期記憶の特徴（ワーキングメモリー）	記銘力，保持力，想起の3点から考えて，課題の 分量 ，教材 の内容，取り組む 時間 を設定する
言語について	言語の習得力，語彙力，表現力によって，課題の難易度 を考えて目標設定する
思考の特徴	思考の速度として考えることで，課題の分量 を調節する
問題解決能力	チャレンジ問題が多いと，モチベーションが下がるので，自力解決問題7割，チャレンジ問題3割 くらいの課題設定にする

本人の得意な部分

本人の得意としていること（教科・単元），好きなこと，伸ばしていける能力をみつけて，自信につながるような課題を設定する

- 本人から：好きな勉強は何かな → 理科です
- 保護者から：お子さんはどのようなことに興味をもっていますか → 昆虫や生物の観察が好きです
- 在籍校の担任から：○○さんについて
  ・興味関心のあることについて，根気よく取り組みます。
  ・教科は，理科と社会が得意です。
  ・自己表現が上手くできず，無理に答えさせようとすると，黙り込んでしまうことがあります。

留意点 個別指導計画では，指導目標を具体的に設定することが必要です。担任や特別支援教育コーディネーターや通級の担当が，本人や保護者からの要望を聞きながら作成します。保護者や本人が希望する内容と，学校の要望とに食い違いがあることも往々にしてありますが，それでも，できるだけ本人や保護者の要望に近い目標設定をすることが重要です。

このような生徒に

生徒のつまずきの背景には，情報を「受けとめ，整理し，関係づけ，表出する」過程のどこかに十分に機能しないところがあるといわれています。アンバランスがある生徒へ不適切な指導方法を長期間行うと，学習意欲を低下させたり苦手意識を強くしてしまいます。心理検査の結果から生徒の情報処理の特徴をとらえ，指導内容を設定していく必要があります。

アイデア 2　情報処理の特徴を生かす

継次処理か同時処理か

継次処理→順序性を踏まえた教え方で，聴覚的・言語的な手がかりを重視する指導法を取り入れる
同時処理→関連性を踏まえた教え方で，視覚的・運動的な手がかりを重視する指導法を取り入れる

	継次処理型	同時処理型
文章の読解	長文は少しずつ詳しく読み進めることで，内容の理解がすすむ	物語など全体を通読してあらすじをつかませた後で，精読していくことで意味がつかめる
線対称図形の作図	図形を見て気づいたところを発表させながら，定義と遂行の手順を順序だてて理解させる	題材となる図形をいくつか示し，線対称にできるかどうか考えさせる。課題の意味を理解させることで作図する
地図記号の理解	覚えやすいフレーズを示し，言語を手がかりにして理解する	イラストや写真を提示して，視覚的な手がかりと結びつけて覚える

参考文献：藤田和弘監修『長所活用型指導で子どもが変わる Part 3』図書文化，2008

聴覚優位か視覚優位か

得意な情報処理として指導に取り入れるか，逆に不得意部分の強化として行う

聴覚優位	口頭での説明や，口頭での指示のほうが，意味理解がよい ・物語文や歴史等を記憶し，確実に覚えて，ドリルで復習する ・カードを使って，前の人の話を聞き取り，次に自分が話す「つなぎの物語」 ・さまざまな要求に対して，即答で応える「的確な対応方法」の練習
視覚優位	目からの情報（見たり，読んだり）のほうが，意味理解がよい ・絵日記や物語文等，文章を記憶し，確実に覚えて使う習慣 ・漢字，単語，重要語句などを書いて覚える ・細部の違い（間違い探し）や，大きさの違いを見分ける（技術家庭科・理科実験）

視機能の特徴

発達障害をもつ生徒たちの中には，遠見視力に問題がなく，見えているようにみえても，実は「視る力」に弱さがあり，本当の意味での見ることが上手にできていない生徒がたくさんいます。読む・書く・計算するなどの学習活動で「視る」ということは非常に重要です。

[留意点]　発達検査によって「継次処理」「同時処理」の特徴がわかります。両者の間に有意な差がみられる場合，その生徒の得意な処理様式に合わせた指導を行います。

[発　展]　視機能を調べたり鍛えたりする方法として，ビジョントレーニング（P114参照）があります。

② 通級指導教室での支援
自信をもたせる課題設定①

このような生徒に

いくらやっても得点が取れない，がんばっても成績が上がらないなどの状況が長く続くと，学習へのモチベーションは当然低くなります。やる気が出ない生徒へ「がんばりなさい」「練習しなさい」と言葉をかけるだけでは，自力で立ち上がる気力はわきません。学習目標のハードルを下げ，本人が「これならできるかも」と思える目標をみつけて取り組ませます。

アイデア① 本人が取り組みたいことや興味があることを，各教科に組み入れる

自立活動×保健体育

＜自立活動の区分＞
1. 健康の保持
2. 心理的な安定
3. 人間関係の形成
4. 環境の把握
5. 身体の動き
6. コミュニケーション

↓

（例）
1，2と関連する保健体育の単元を，教科書を用いて学習する

一般常識×教科学習

（例）「国語」の教科書に登場する四字熟語・反対語・同音異義語・ことわざ・故事成語などを，生徒の学力や学年に合わせて通級の指導に取り入れる。

（例）日本の祝日・都道府県と県庁所在地・各県の特産物（日本一のみ）・消費税・昭和と平成の総理大臣の名前・日本のノーベル賞受賞者・敬語の使い方などの一般常識を，関連する教科学習の中で取り上げる。

時事問題×社会科

新聞の切り抜きやニュースの視聴から，社会的認知力を高める。
（例）環境問題・温暖化問題・食糧問題・エネルギー問題・資源問題など

人間関係の学習×コミュニケーション練習×グループ活動

1. 音当てゲーム
生活の中で音への集中力を高める。音声への意識や感心を高めます。

2. 声の弁別
だれの声か聞き分ける。言葉に注意をはらう態度を身につけます。

3. 物語リレー
順にカードを引いて，そこに書かれた人物の「気持ち」を語って物語をつくる。

（留意点）発達障害がある生徒に特徴的な心理として，何事にも自信がありません。課題に取り組むためには相当のエネルギーが必要です。学習計画を立てるうえで，課題の量を増やさないことは大切なコツで，励ましながら続けさせます。また，自分で課題を選ぶ，自分で学習時間を決めることも，達成感につながります。

このような生徒に

発達障害のある場合，教科学習を単に行うだけでは学習不振は改善されません。生徒の全人格の育成を図る中で，ほかの能力を引き上げながら，学習への取組みをさせていきます。それには，座学だけや，記述式のプリントだけにならない教材や授業の工夫が必要です。生徒の多感覚（マルチセンソリー）を利用した授業づくりをします。

アイデア 2　座学以外の工夫

多感角を利用した指導（マルチセンソリー）

1. ブラックボックス
① 箱の中の物に触る
② 先生からヒントを聞く
③ 指先から感じたことを話す
④ 触った感触から，何が入っているかを推測して答える

さあ、何が入っているでしょう

冷たくて丸い…香りもする…

2. ストレッチ
身体の動きから，自分の内部で感じている「快・不快」「緊張感」「くつろぎ感」「喜び」「痛み」「呼吸の深浅」など，感情と身体感覚を結びつけた気づきを促す。

いい気持ち　背のび
前屈

3. イメージトレーニング
ある風景の写真を見て，そこから想像することで気づきを得させる。「思考，心配，判断，計画，空想，比較」など，好きなように思いを巡らし，言語表現する。

冬の景色です　だれもいなくて…なんだかさびしそうです

よい表現ですね　そのように感じているのですね

〈絵の例〉

短文の聞き取り練習　―聞き漏らしへの対応―

例文を聞き取って，「いつ・どこで・だれが・何をした」に口頭で答える。

例文①　私の名前は，リンダです。イギリスから来ました。東京には来週の8日までいるつもりです。皇居やスカイツリーに行ってみたいです。それから，お寿司や天ぷらを食べてみたいです。

例文②　もしもし，スーパーは何時まで開いていますか？ 7時ですか。3階の家庭用品売り場も開いていますか？ そうですか，3階は1時間前には終わりなのですね。駐車場は使えるのでよかったです。

例文③　先週の日曜日に友達3人で海に行きました。友達のダン君が迷子になって，探すのに30分もかかってしまいました。それでも，一緒に泳いだりお昼を食べたりして楽しかったです。

私の名前は…
いまどこにいますか？

留意点　身体を動かす，物を創作する，実践（体験）する，楽器を使う，歌を歌うなど，すべての感覚を動員して脳を刺激していきます。意欲的に取り組ませることによって，エネルギーを高め，自信につなげます。短文の聞き取り練習は，教科書を使って，文章を読んで問題をつくることができます。その際は，重要語句の意味について先に学習してから行うと，自信をもって取り組めます。

② 通級指導教室での支援
自信をもたせる課題設定②

このような生徒に
書くことに苦手意識がとても強い場合，学習に取り組む前から拒否的な態度を示すことがあります。文字を使った作品制作などの表現活動で，抵抗感なく取り組めるようにし，通級指導だからこそできる利点にしていきます。

アイデア3　苦手を自信につなげる工夫

非言語の創作活動 —苦手な部分を表現して自信につなげる—

1. 粘土を使った文字学習
   漢字やローマ字を作って記憶する

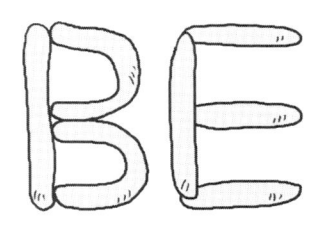

2. ベニヤでアート
   通級のめあてを表現して，自分自身を励ます

3. 古代文字に挑戦
   書字が苦手でも，絵のように書ける

4. ガラスフュージング
   色ガラスのかけらを組み合わせ，窯で焼いて成形する

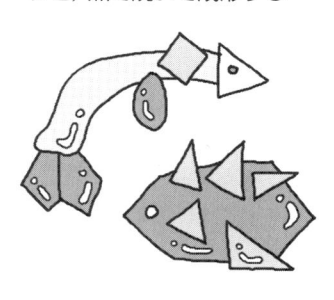

5. ボックス・コラージュ
   絵が苦手でもテーマに沿って自己表現しやすい
   雑誌や写真の切り抜きを自由に貼る

6. 地図づくり
   糸ノコを使って木製パズルを作り，地理を把握する

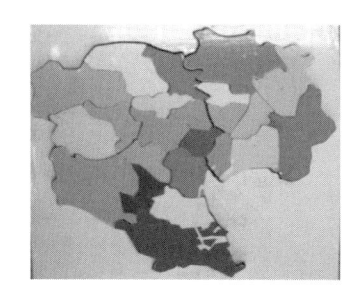

留意点　不器用な生徒や苦手意識をもつ生徒でも，失敗せずに，見栄えよく作品を仕上げられるように表現方法を吟味します。できあがった作品は教室に展示するなどして，達成感を味わわせます。

グループで行う学習①

このような生徒に
考え方の幅が狭く，学校（家庭）で教わった通りの考え方や，少ない経験の中だけでものごとを解決しようとするため，日々新しい問題や課題に突き当たると「もうだめだ」「むずかしい」と考えを止めて，あきらめてしまう傾向があります。グループ学習で，問題解決には何通りもの考え方や方法があることに気づかせ，立ち向かわせていきます。

アイデア① 見方や考え方を広げる問題

「アハ体験」で脳を活性化

1. 数学パズル 
   ① 小さい △ の正三角形は，いくつありますか？
   ② △ の正三角形は，いくつありますか？
   ③ △ の正三角形は，いくつありますか？

2. 右脳トレーニング
   ・次のうち，同じ形を組み合わせてできているのはどれとどれでしょう？
   Ⓐ Ⓑ Ⓒ Ⓓ Ⓔ

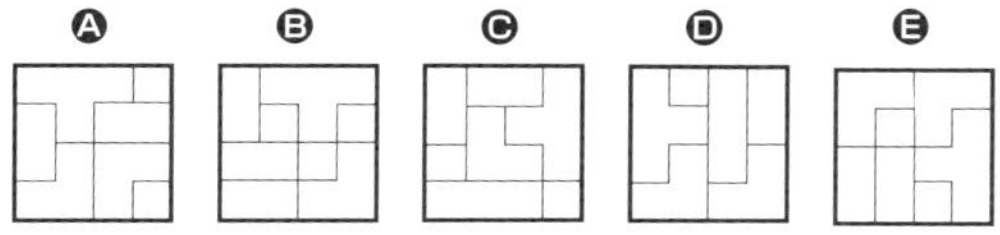

3. 雑学やクイズ
   ・5円と50円にはなぜ穴が空いているの？
   ・食パンの皮はなぜ耳というの？
   ・郵便ポストはなぜ赤いの？

   「おぉ 昔のポストは黒かったらしいよ」
   「教科書に載ってないからわからないよ」
   「えーネットでも調べられるよ」

推論で多角的にものを見る

1. 視覚類推 
   何の図でしょう？

2. 多義図形 
   （Boring et al., 1948）
   何に見えますか？

3. 錯覚 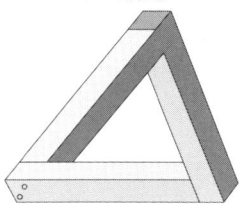
   立体に見えますか？

留意点 アハ体験とは，わからないこと，気づかないことが，わかるようになったその瞬間や，ひらめきを感じる体験のことです。課題に対してあきらめずに考えを導き出したり，違う角度から思索してみたりする柔軟な思考を，グループ指導の中でパズルやゲームなどを使って養っていきます。

② 通級指導教室での支援
グループで行う学習②

このような生徒に

音をよく聞き，リズムに合わせて動く練習です。合奏・合唱やスポーツの団体競技では，人と呼吸を合わせる必要があります。発達障害があると臨機応変に人と動きを合わせるのはむずかしいのです。リラックスしながら練習します。

アイデア② リズムに合わせてみんなで動く練習

グループ演奏で集中力を養う

1. CDから流れる聞き慣れた音楽へ，リズム打ちで伴奏をつける
   タンバリン，シンバル，シェーカー，マラカス，トライアングル，クラベス，ウッドブロック，ハンドカスタネット，ホイッスル，ドラ，和太鼓　など

2. 簡単なメロディーやハーモニーを演奏する
   ベル（ハンドベル），トーンチャイム（チャイムバー），リコーダー，ハーモニカ　など

3. 好きな歌を合唱する
   学校で習う曲以外にも，アニメソングや流行歌も含めて歌う。
   特に深い呼吸には気をつけさせて，合唱でものびのびと自由に歌わせる。

リトミックで聴覚を鋭敏にする

1. 簡単リトミック
2. ボディー・パーカッション（体や声を楽器にする）

[留意点] リトミックで，音楽に合わせて動き，反応することによって，音楽を感じ表現できるようにします。聴覚を鋭敏にしたり，身体運動を通して諸器官を刺激することで集中力を養います。また，日頃の生活でのストレスを解消するのにも効果的です。

このような生徒に

小集団指導では，人とのかかわり方やコミュニケーションの取り方，集団のルール理解，場面や状況に合わせた行動のコントロール等，社会的な能力に関する指導を行います。
「グラフィカシー」や「ディベート」によって学習経験を高めることは有効です。

アイデア3 グループワークで協力し合う

グラフィカシーで空間的な情報処理能力を高める

1. 地図を描こう 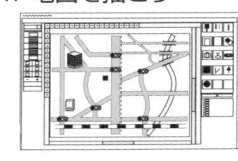
   自宅周辺から学校まで
   学校周辺から駅までなど

2. グラフを読み取ろう

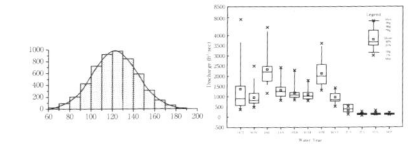

3. 地球儀をつくろう

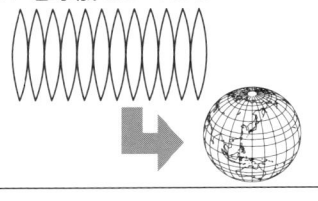

4. 天気図を読み取ろう

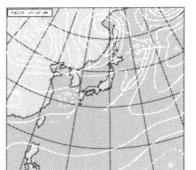

5. 敷地面積を算出しよう
   公園の面積を求めましょう 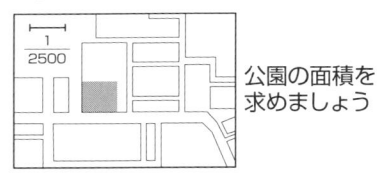

ディベートで意見を言い合う

1. 二つのテーマで意見を言い合う
   話し合う雰囲気をつくる
   ① 制服と私服
   ② 新幹線の旅行と普通列車の旅行
   ③ 家庭学習と塾
   ④ ラーメンとお蕎麦

   あなたなら，どっち？

2. 慣れてきたらディベートを行う

   ディベートの進め方
   ① 二班に分れる。司会者（中立）と判定者を決める
   ② 肯定側の意見を言う
   ③ 否定側の意見を言う
   ④ 作戦タイム
   ⑤ 反対意見
   ⑥ 最終弁論
   ⑦ 判定者の意見を聞く

留意点　ディベートは「どちらが正しい」ということがないので，だれでも自分の意見を堂々と言える利点があります。課題に柔軟性をもたせてディベートを活用します。

② 通級指導教室での支援
不登校・学校不適応への対応

このような生徒に

平成13年度の調査（文部科学省）では，国公私立小中学校で13万9千人の児童生徒が不登校状態にあります。また，ＬＤ，ＡＤＨＤなどがある生徒は，周囲との人間関係がうまく構築されない，学習のつまずきが克服できないといった状況が進み，不登校に陥る事例は少なくないという新たな指摘もあります。調査研究から，有効だった対応方法について学びます。

アイデア① 効果のあった指導方法に学ぶ

家庭訪問

生徒を家庭訪問する際には，その影響の大きさを考え，守秘義務の遵守はもとより，所定の時間外の私的な接触には慎重に対処したり，スーパーバイザーへの報告を確実に行うなど，指導するうえでの配慮事項等につき十分徹底を図る必要があります。さらに，訪問が解決に向けての次のステップへ結びつくよう適応指導教室や学校等と密接な連携を図ることが求められます。

① 電話で約束する　　② 玄関で失礼する　　③ 10～15分で切り上げる

地域の活動参加

社会教育施設では，不登校児童生徒を対象とするさまざまな野外体験活動プログラム等が提供されています。宿泊型や自然とふれあうものなどがあります。

ＩＴの利用

保護者との相談等における電子メールの活用については一定の成果が報告されています。また，特に，ひきこもり傾向がある等，人との直接的なかかわりが苦手な生徒については，相談等のきっかけとしてITを活用することは有効です。

参考文献：文部科学省「今後の不登校への対応の在り方について（報告）」

留意点　有効な初期対応には，以下のものがあります。(ア)保護者への働きかけにより保護者を追い込まない。「共に考える」という関係をつくる。(イ)登校の無理強いは禁物だが，登校を促すための適切な働きかけ（別室登校や放課後登校，参加できる授業には出席する，など）を工夫する。(ウ)「かかわってほしいとき」と「そっとしておいてほしいとき」を本人に聞いて気を配る。

このような生徒に

発達障害がある生徒が不登校状態になると，さまざまな支援にも改善がみられず，どのように手を差し伸べてよいか困ることは多々あると思います。そんなときに地域の相談窓口を知っていると，利用しやすいでしょう。生徒や保護者へ紹介するだけでなく，教師自身が相談に行って，対応策を一緒に考えてもらったり，助言を受けるのもよいでしょう。

アイデア2　公的機関・専門機関・支援センターなどの活用

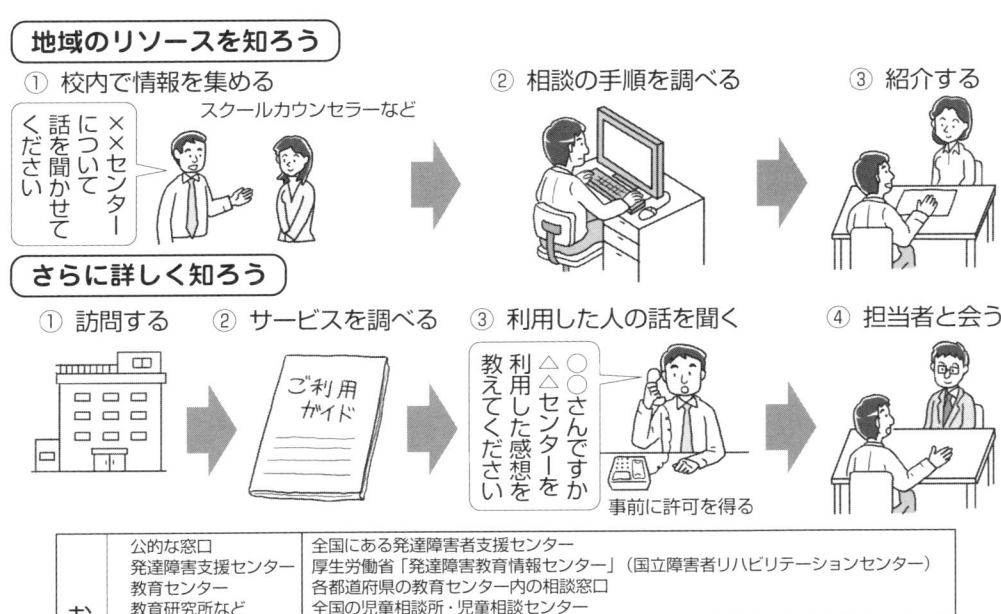

地域のリソースを知ろう
① 校内で情報を集める　② 相談の手順を調べる　③ 紹介する

さらに詳しく知ろう
① 訪問する　② サービスを調べる　③ 利用した人の話を聞く　④ 担当者と会う

おもな相談窓口		
公的な窓口　発達障害支援センター　教育センター　教育研究所など	全国にある発達障害者支援センター 厚生労働省「発達障害教育情報センター」（国立障害者リハビリテーションセンター） 各都道府県の教育センター内の相談窓口 全国の児童相談所・児童相談センター	
独立行政法人	教員研修センター 国立障害者リハビリテーションセンター 国立精神・神経センター 国立特別支援教育総合研究所	日本学生支援機構 自立支援局国立更生援護機関 高齢・障害者雇用支援機構 障害者職業総合センター研究部門
国立大学	国立大学内にある特別支援教育センターまたは学生相談部	
医療の窓口	中央拠点病院：国立成育医療センターこころの診療部（東京都の場合） 子どもの心の診療拠点病院	
認可団体・民間団体（一部を紹介）	全国LD親の会 財団法人日本自閉症協会 財団法人日本青少年育成協会	財団法人こども教育支援財団 日本適応指導教育研究所

留意点　文部科学省では，「スクーリング・サポート・ネットワーク事業」として，不登校児童生徒の早期発見，早期対応をはじめ，より一層きめ細やかな支援を行うために，教員や指導員の研修，家庭への訪問指導など不登校対策に関する中核的機能，広域（地域）スクーリング・サポート・センターを充実し，学校，家庭，関係機関が連携した地域ぐるみのサポートシステムの整備を進めています。

③ ペアレントトレーニング
ペアレントトレーニングに学ぶ保

1．発達障害とペアレントトレーニング
(1) ペアレントトレーニングとは何か
　ペアレントトレーニングとは，臨床心理学や精神医学などの専門家が，精神的に何らかの問題をもつ子どもの保護者を対象に，子どもの問題の原因や解決について理論的にまた実践的に教え，問題への対処方法を身につけさせる専門的介入の総称です。発達障害へのペアレントトレーニングは，学習心理学や行動療法，また最近では応用行動分析の理論や技法を基礎に，子どもの行動を改善する方法です。

(2) ペアレントトレーニングの実際
　発達障害へのペアレントトレーニングは，少人数の保護者を対象に，1回2時間前後のセッションを毎週か隔週で10回程度行うのが一般的です。参加対象は発達障害の診断を受けた子どもの保護者ですが，発達障害の疑いがある子どもの保護者も参加することがあります。子どもの年齢は幼児から小学校3・4年くらいが最適です。それは，親子関係が悪化してもまだ関係を修復できる時期だからです。しかし，トレーニングの基本をマスターすれば，この年齢以降の子どもにも適用できます。子どもが何歳であってもこのトレーニングの基本である子どもの行動を客観的にとらえることと，肯定的な注目を与えることが，子どもの適正な自己形成に効果を発揮するからです。

(3) ペアレントトレーニングの効果
　発達障害へのペアレントトレーニングは，親がトークンエコノミー法（ご褒美を与えて望ましい行動の発生頻度を高める方法）などの行動療法の手法を使って，子どもの行動を強化したり制限したりすることで，子どもの行動を変化させることを目的としています。子どもの行動を変えるとともに，親子関係を改善し，親の精神的な健康の向上と子どもの自信回復に効果があります。

　特に，LD，ADHD，PDDのために，子どもが適正な行動ができず，子どもを叱ってばかりいる保護者にとっては，親子関係を修整したり行動変容のアプローチを行うペアレントトレーニングは最適です。なぜなら，保護者が子どものできている行動に着目し，保護者が子どもをほめることを強化子（ご褒美）として，子どもの行動を変えていくので，子どもの行動が変わる前に親子関係が良好となるからです。ペアレントトレーニングに参加したある母親は，「ほめることを習慣にするように心がけていると，いままで気づかなかった息子の努力がみえてきた」とペアレントトレーニングの感想で述べています。これはペアレントトレーニングを経験した保護者が共通して体験することです。

護者支援のヒント

2．発達障害のある子どもの親子関係

　子どもに発達障害がある場合，親がどんなに愛情をもって接しても，子どもは親の思うようには行動してくれません。だから，どうしても幼いころから叱ることが増えてしまいます。叱られることばかりする子どもと叱ってばかりいる親の間には，当然，よい親子関係は育ちません。だから，まずは親子関係を改善することが必要になります。しかし，「愛そうにも愛せない」「ほめようにもほめるところがない」というのが，発達障害がある子どもの保護者の正直な気持ちです。親に愛情がないというのではなく，長年の子どもとのバトルでそういう状態になってしまった親であり子どもなのです。

　保護者が子どもに愛情をもつことは大切なことですが，専門家が発達障害がある子どもの保護者に子どもを愛することを促したり，単に子どもを認めたり受け入れたりすることの大切さを説くだけでは，かえって親を追い詰めることになってしまいます。

　だから，発達障害のペアレントトレーニングは，保護者が自身の心の内を見つめるようなことを決してさせません。まず保護者が子どものよいところをみつけることができるように，子どもの行動を観察することを練習させます。そして不適応行動の陰に隠れて見えなかった子どものよい行動を保護者がみつけることができるように訓練します。

3．ペアレントトレーニングで大切にしていること

(1) ペアレントトレーニングの基本

　次の三つがペアレントトレーニングの基本です。

> 1　行動をとらえ，行動を分析する
> 2　子どもを変えるのではなく，親自身の行動を変える
> 3　注目にはパワーがある。よい行動には肯定的注目を与える
> 　　好ましくない行動には注目しないようにする

(2) 保護者なりの努力や工夫を見つける

　発達障害がある子どもは，その年齢の子どもならできてあたりまえの行動でもできません。そのことに気をとられすぎると，何もできない子ども，あるいは親は家で何を教えてきたのかと，子どもや保護者に対して否定的な見方だけが強くなります。しかし，現在できていることに着目すると，親子でこれまで取り組んできた結果，身についてきた行動がたくさん見えてきます。子どもなりに努力していることをみつけ，保護者なりに工夫したことをみつけ，そのことを保護者が理解できるようにアドバイスするのが大切です。

③ ペアレントトレーニング
家庭でしてほしい行動を増やす

このような保護者に
子どもが親の言うことを聞かないと嘆いている保護者にアドバイスをするなら，まず，子どもなりにできていることを探し出すことから始めてもらいます。現在は子どもは反抗的かもしれませんが，ここまで成長するには，親の工夫や本人の努力でやれるようになったことがあるはずです。そのことを親が思い出すようにアドバイスします。

アイデア① 親自身の工夫と努力をみつける

① 子どもの変化をみつける

- 最近は親の言うことを聞かなくて…
- これまでお母さんの工夫でできるようになったことを思い出してみましょう

こんな変化ありませんか？
① 以前よりも成長した行動ができる。
② やることの中味が少しでも向上している。
③ 自発的に賢い判断をする。
④ 考えて行動をする。
⑤ 年下の子に順番をゆずる。
⑥ ほかの人の気持ちを考える。
⑦ 思いやりや気遣いを表す。
⑧ 次に起きることを予測して行動する。

② 親の努力や工夫をみつける

- 私が最後まで話を聞いてやると言い訳しなくなりました
- 「最後まで聞く」がよかったのですね！

変化につながった対応を探そう！
① 私がやってみせたことでよくなったこと。
② 私が待つ（我慢する）ことでよくなったこと。
③ 私が手順や段取りを考えてやることでよくなったこと。
④ 私が手順を表や絵にかいてやったことでよくなったこと。

③ これからの行動につなげる

- でも，ほめるのは苦手で…
- お母さんを独占できるスペシャルタイムも役立ちますよ！

スペシャルタイムのもち方
① 子どもと二人きりになれる時間（5～30分）をみつける。
  例：日曜日の夜9時から20分間。
② その時間に家事や用事をしなくていいようにする。
③ 主導権は子どもに与え，その時間内にできる子どもの好きなことを決める。よい行動は必ずほめる。
④ よくない行動が続くときは，「（その行動が続くなら）今日のスペシャルタイムを終わりにする」と予告し，続ければスペシャルタイムを中止する。

留意点 問題行動の多い反抗的な子どもの場合，親は何をどのようにほめればよいのか判らず，ほめようとしてもほめられず，結局，徒労と挫折感を味わっています。「叱ってばかりでなく，子どもはほめて育てるといいですよ」と助言されても，それができない保護者には，子どもの具体的な行動の小さなよい変化を，親と一緒にみつけることがとても役立ちます。

このような保護者に

子どもとの関係を改善しようと保護者が決心しても，子どもの発達に障害や問題がある場合，親は子どもをどうほめてよいか判りません。そういう場合，ほめる行動をみつけると同時に，具体的なほめ方を一緒に考えることも必要です。ときには，簡単なロールプレイで母親に子ども役になってもらって，子どもの気持ちを実感させてあげるとよいでしょう。

アイデア 2　子どもの成長をほめるためのヒントを探す

① ほめ方を考える

ポイント

- 子どもが喜ぶほめ方を見つける
  - 家族の前でほめられるのが好き
  - そっとほめられるのが好き
- ほめるときは批判やコメントはしない
  - ×　今日はよくできたね。いつもできるといいね。
- ほかの家族に干渉されないようにほめる
  - 年下のきょうだいの発達がいい場合，「お兄ちゃん，あんなことでほめられておかしい」と，馬鹿にしたりすることがある。

② ほめる場面を探す

- 「言い訳をしない」のほかにどんなことがありますか？
- 夕方の犬の散歩は欠かさず行きます
- お子さんが喜ぶほめ方は？
- 「犬が喜んでる」と言うとうれしそうです

③ ロールプレイをする

- 親役：お帰りなさい　あら，モモうれしそうねえ
- 子ども役：ただいまー

④ 振り返りをする

- 言われてどうでしたか？
- 先生のように明るい声で言われると気持ちいいです

留意点　「○○しなくてえらかったね」は，大人はほめているつもりでも，子どもには「○○ができない子」と言われているように聞こえるときがあります。反対の行動をみつけ，「○○することができたね」と肯定的にほめることが大切です。

応用　思春期の子どもへは，親が感心したり，感謝したり，よい変化に気がついていることをさりげなく伝えることもほめることになります。

③ ペアレントトレーニング
家庭でしてほしくない行動を減らす

このような保護者に

親が子どもに何かやらせようとするとき，いつのまにか親子の言い争いになっていることがあります。「いくら言っても子どもが言うことを聞かない」と嘆いている保護者には，保護者の注目が不適切な行動をかえって強化していることに気づかせることが大切です。そして，無視とほめることをうまく使うポイントを教えます。

アイデア① 「無視」と「ほめる」を組み合わせる

子どもに適正な行動を促すための無視とは
1. 子どもを無視するのではなく，子どもの行動を無視する
2. あらかじめ無視する行動を決めておく
3. 無視する行動の後に起きる，より適正な行動（まだましな行動）を予測しておく

ロールプレイ１ 注目することで，かえって子どもの不適切な行動が続く例		ロールプレイ２ 注目を取り去り，小さなよい変化を待ち，それに注目する例
子ども役（要求し続ける）	母親役①（あきらめるように説得し続ける）	母親役②（無視した後，要求が収まったら肯定的注目を与える）
新しいゲームソフト買って。	この間買ったでしょ，もう少し我慢しなさい。	（無視） **ポイント** ・行動が始まったら即座に子どもから注意を外す ・自分の感情を抑える ・視線を子どもに向けない ・内心を伝えないふつうの表情をする ・ほかに注意を向けながら（例えば本を読む，夕食の準備をする），予測していた適正な行動が起こるのを待つ
みんな持ってるんだよ買ってよ。	みんなじゃないでしょう。持ってない子もいるはずよ。	
いないよ。お母さんのけち。いつもそうやって意地悪するんだから。	意地悪じゃないの。そうやってわがままばかり言っていると，大人になっても，我慢できない人になってしまうよ。	
いいよ，けち，けち，けち。	いいかげんにしなさい。	
（黙る）	もう，うるさく言うんじゃないわよ。	晩御飯のおかず，何にしよう？ハンバーグにしようか？ **ポイント** ・適正な行動が起きたら，ふつうに穏やかな声と態度で無視の対象となった行動とは別の話題を話しかける

留意点 子どもが不適切な行動を続けて親の注目を引こうとする悪循環を断ち切るためには，いったん無視することが必要です。しかし，これが心理的な虐待の無視になってはいけません。必ず無視の後には肯定的な注目を与えることが大切です。適正な無視とは子どものよい行動が現れるのを待つことなのです。

応用 無視のときの冷静な気持ちは，静かで穏やかな指示を与えるときにも有効です。

このような保護者に

思春期の子どもに，親が叱りすぎたり過度の罰を与えると，子どもは反抗的になり，かえって親子関係がうまくいかなくなります。家で決めた約束を守らなかったとき，どうしたらよいかと迷っている保護者に，懲らしめのための罰を与えるのではなく，子どもに責任をとらせることが，正しい制限や罰の与え方であることを説明します。

アイデア② 約束を守らなかったときは子どもに責任をとらせる

正しい指示と制限の与え方

■罰や制限の対象となる子どもの行動
1. いくら言っても，なくならない行動
2. 他人を傷つける行為や公共物を壊す行為
3. 公共の場で許されない行為

■罰や制限の与え方
- 子どもには，制限の前に指示に従うチャンスを与え，従ったらほめる
- 制限に反したときには罰を与える
- 罰を警告したら徹底する

※注意
保護者は子どもに制限や罰を与える前に，子どものよい行動を見つけ，その行動が起きたときにほめることができるようになっていなければなりません。
日頃，肯定的な注目を与えることができなければ，どんな正しい制限や罰でも子どもの反抗心を強めます。罰は，「家庭の規則を破ったときには責任をとる」という決まりをつくったうえで実施しなければなりません。

適切な罰や制限の例

1. できれば行動と結びついたもの
よい例：テレビの終わりの約束の時間を過ぎても見ていたときには，次の日の何かの番組の一部を見ることができない。

2. 親がコントロールできるもの
悪い例：約束していた誕生日のお祝いを，罰としてあげない（これでは子どもの心を傷つけるだけで，自分の犯した間違いの反省には結びつかない）。

3. 親が心おきなく取り上げられるもの
よい例：使ってはいけないといわれていたカメラを壊してしまった場合，10か月かけて新しいカメラの代金の一部をお小遣いから出させる。

4. 体罰ではない
よい例：ゲームできょうだいげんかになったとき，弟をたたいた兄を同じようにたたくのではなく，兄だけを別の部屋に移動させる。

5. 重すぎてはいけない
悪い例：上の例で，別の部屋にいる時間を長時間にする（その子どもの年齢かける1分が適当）

留意点　罰は，行動の結果に対して責任をとることを教えるためのものです。だから，罰が終わったら，やったことは水に流し，お説教や説得やなぐさめをしてはいけません。子どもが責任をとれたことを評価し，ふだんどおりの態度で接することが大切です。感情的になって罰を与えた場合は，必ず説教したり説得したりなぐさめたりしたくなります。それは親に後ろめたさや不安があるからです。

3 ペアレントトレーニング
学校と家庭の連携のつくり方

家庭との連携のために

学校での教師の努力と子どものがんばりで，以前よりも少しずつ成長が認められるようになると，学校と家庭が子どものよい変化を共有することが必要になります。子どものポジティブな情報を共有することで，最初は学校に対して拒否的だった保護者も協力的になり，学校と家庭との連携をつくるきっかけが生まれます。

アイデア① 保護者と子どもの問題を共有する

学校での対応	留意点
① 学校として，子どもの問題行動への取組みから始める	**スモールステップの原則** 取り組む対象の問題行動を決めるときは，もっとも変化しやすい問題から始めます。
② 取り組む内容を絞り，校内の共通理解を図り，学年あるいは学校全体で取り組む事柄や目標を提示する	**共通理解の原則** 子どもの小さなよい変化は周囲からは見えにくく，学年や学校での共通理解がなければ，その変化のきっかけとなった取組みは，周囲の教員からは担任の独りよがりに見えてしまいます。学年・学校の現状を考慮した取組みと目標の設定が大切です。
③ 取組みに成功したら，取組みの目標と成果を保護者に伝える	**ポジティブ・アクションの原則** 保護者に問題への取組みとその成果を伝えるときは，必ず肯定的な表現を用いて具体的に説明します。 ×「整理整頓ができないので改善しようと取り組んだらやっとよくなりました」 ○「教科書とノートだけ机の上に出すよう指導したら整理整頓がとてもよくなりました」
④ 次のステップとして，新しい取組みを話し合う	**保護者の意見も聞いてみる** 以上の繰り返しを行い，時期をみて学校での新たな取組みを説明し，家庭でも同じような行動をみつけて，それをほめてもらいたいと保護者に伝えます。

[留意点] これまで学校と家庭の関係がよくなかった場合，教師と保護者が連携をとるのにはとても時間が必要です。それは，これまでの学校との関係で，何年もの間にできてしまった保護者の学校への不信感が背景にあるからです。時間がかかるとしても，関係修復の努力は，いまからでも始めることが大切です。

家庭との連携のために

保護者の中には，子どもの問題をなかなか認めず，発達障害が疑われるのに相談機関や医療機関の受診をかたくなに拒否する親がいます。そのような場合は，学校での地道な取組みが，結果的には保護者のかたくなさをときほぐすのに役立ちます。子どもの問題行動への取組みを，チームで，また校内委員会を活用して，根気よく続けましょう。

アイデア 2　学校の取組みと家庭との連携

学校と家庭の連携の基本

1. 家庭の状況がどのようであれ，親のしつけや養育の仕方を問題の原因としない
2. 家族に問題を指摘する前に，学年，学校全体で取り組む意識をもつ
3. 子どもの「心の理解」だけではなく，行動の変容・問題解決指向へと発想を転換する
4. 根本的な問題の解決を目指すのではなく，あるいはすべての問題を解決するのではなく，もっとも変化しやすい問題行動への対応から始める

家庭との連携の流れ

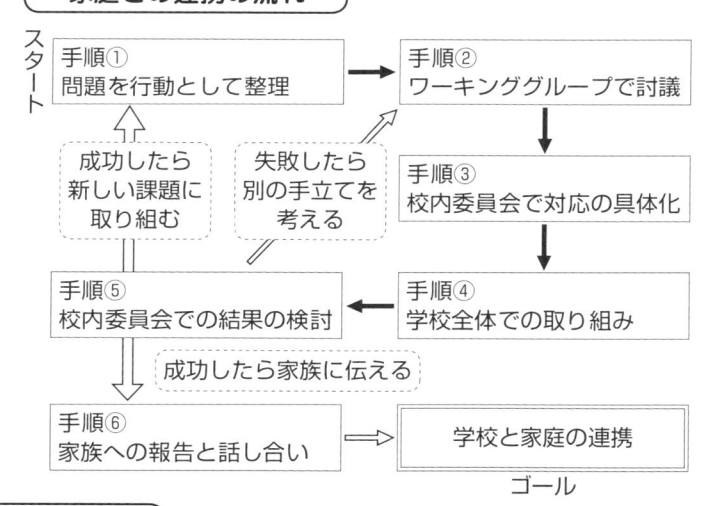

スタート → 手順①　問題を行動として整理 → 手順②　ワーキンググループで討議 → 手順③　校内委員会で対応の具体化 → 手順④　学校全体での取り組み → 手順⑤　校内委員会での結果の検討 → （成功したら家族に伝える）→ 手順⑥　家族への報告と話し合い → 学校と家庭の連携（ゴール）

成功したら新しい課題に取り組む／失敗したら別の手立てを考える

家族を専門機関につなげるための原則

1. 問題行動を列挙するのではなく，取組みによって改善されている事柄を伝える
2. 取組みとその結果を，十分に時間をかけて繰り返し説明する
3. 上記の努力をしてから，専門機関を紹介する
4. 医療・相談機関の敷居の高さと親の抵抗感を理解して専門機関を選択する
5. いくつかの機関を提示し，最終の選択は家族の自主性に任せる

留意点　単に受診を勧めるのでは保護者は不安となり拒否的になります。家族にとって診断のための医療機関はとても敷居が高いのです。段階的に少しずつ子どもの状況を説明し，受診の自発的なモチベーションをつくることが大切です。場合によっては，子どもに伝える受診の理由などを一緒に考えてあげると保護者の気持ちが楽になります。

4 保護者との連携と対応
保護者との対応について

1．二つの「わかりにくさ」
　発達障害のある生徒の保護者は，彼らが中学生，高校生になると，二つのわかりにくさに直面することになります。一つは，発達障害のわかりにくさです。発達障害は理解しにくい，理解されにくい障害です。年齢とともに状態像が変化することもあるため，保護者はわかりにくさが増すように感じることもあります。例えば，小学生のときは大人しく目立たなかった生徒が，中学生になって周りとのトラブルが目立つようになる場合があげられます。中学生や高校生になってから「発達障害」があると気づいて支援につながることもめずらしくありません。もう一つは，思春期のわかりにくさです。思春期という心身ともに変化する時期を迎えて，子どもは家族との関係やこれまで教えられてきた価値観を見直したり，また仲間集団の中の自分の位置づけを意識するなど，自我の目覚めとともに自分探しに取り組みます。情緒的な不安定さが目立ち，反抗的な態度をとることもみられます。中学校に入学してから家であまり話さなくなった，あるいは話していても急に怒り出すという話はよく聞かれますが，発達障害がある子どもの保護者の場合，もともとわかりにくかったけれど，さらに子どもの様子がわからなくなり，不安やとまどいを覚えるという話を聞きます。そこで，教師は，保護者が感じているこの二つの「わかりにくさ」を十分心得て対応することが大事です。

2．「ほどほどによい親」のすすめ
　子どもが健やかに成長するために，保護者はまず子どもにとっての安全基地となることが求められます。幼い子どもは，保護者から無条件に受け入れられ安心感を得て，他者への信頼感を育んでいきます。ところが，子どもに発達の遅れやつまずきがある場合，保護者は子どもの成長に対して少なからず焦りや不安などを感じながら子どもを育てていくことになります。そして，中学・高校生になる頃までに，例えば子どものしつけができていないと責められて自信をなくす，あるいは子どもとコミュニケーションがとりにくくて気持ちがふさぐなどさまざまな思いを体験することになります。
○学習面や行動面に困難がみられる生徒の保護者は，子どもが成長する過程で喜びや焦りなどが入り混じった複雑な思いを抱いているかもしれないことを，教師は十分留意する必要があります。
○教師は生徒の特性や学習面や行動面の困難さを踏まえて，がんばりすぎず，あきらめず，ほどほどによくかかわって見守ることができるように，保護者を支援します。

3．保護者の話を聞く

　保護者と連携するために，保護者から話を直接聞くことは大事な取組みです。子どもの特徴や学習面・行動面のつまずきに対する気づきやこれまでの経緯について話を聞くことは，生徒への対応の手がかりを得る機会となります。ただし，中学・高校生の保護者になると，教師と会って話すことに消極的であるかもしれません。面談を設定することがむずかしい場合，スクールカウンセラーと連携をとりながらすすめることも大事です。また，思春期にある生徒との信頼関係を損なわないように配慮することも必要です。

○保護者の話をそのまま聞くように心がけ，すぐに助言することや無理に聞き出そうとすることは控えます。そうすることで，保護者に気持ちのゆとりが生まれます。

○子どもの「わかりにくさ」については，保護者の気持ちに寄り添って話を聞きます。

○保護者の話からニーズをとらえて対応します。保護者のニーズが生徒の姿やニーズと合わない場合，教師は保護者に実際の生徒の様子や能力的な特徴を伝えて調整します。

4．生徒のスタイルを認める

　教師は，保護者への対応を考える前に，まず生徒一人一人のスタイル，その子らしさとは何かを理解して，認めることが求められます。学校生活の中で生徒の心配なところはどうしても気になりますが，教師から学校でうまくできない話ばかりを聞かされても，保護者は何も対応できずうんざりするだけです。それよりも，生徒の長所やうまくできないところに対して工夫しているところ，その生徒ならではの認めたいところを伝えるように努めます。

○教師は生徒が努力して取り組んでいることや工夫していることをみつけて，保護者に伝えるようにします。

○要求水準が高くて，子どもの小さな成長を喜ぶことができない保護者には，教師がその生徒のスタイルを認めるように支援します。

5．長期的な視点に立つ

　教師は長期的な視点に立って生徒への支援を考えることが大切です。将来的な自立に向けて，生徒が何を身につけたらよいかをよく吟味して保護者に伝えます。教師のかかわりは期限つきです。いまは気にならないことでも先送りにすることによって，生徒本人が誤解を受けたり，困ることにつながることもあります。例えば，人との距離のとり方が近い生徒に対して，年齢や状況に即した距離のとり方を具体的に説明するだけでなく，保護者に対しても，身につけてほしいことを説明して確認し，協力を求めることが必要です。

4 保護者との連携と対応
保護者との面談

面談の設定と目的

保護者の希望で行う場合も，教師が設定する場合も，面談の目的を明らかにしておくことが大切です。可能ならば，前もって保護者が面談を希望する理由を聞いておきます。教師が設定する場合も，こちらからきちんと面談の目的を説明します。保護者と連絡がなかなかとれない場合は，その状況を把握したうえで，見通しをもって改めて面談を設定します。

ポイント 1　落ち着いて話せるように配慮する

【個人面談の場合】
- 人通りが多いときはカーテンをひく
- 面談中 しずかに!!（ドアの外側にプレートをかける）
- ついたて
- 広い場合は空間を仕切ると落ちつく
- 教室なら前方を利用するとよい

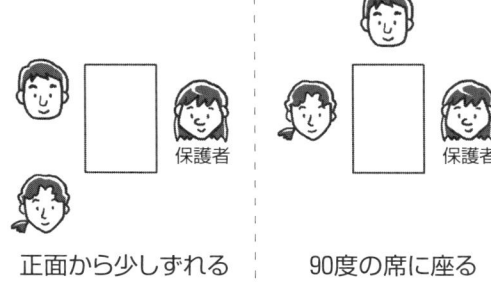

【複数での面談の場合】
- 正面から少しずれる
- 90度の席に座る
- 保護者に圧迫感のない位置に座る

◆同席は2人くらいまで
- 面談の目的や内容，保護者の様子から，担任以外（例：管理職，養護教諭，スクールカウンセラー，特別支援コーディネーターなど）の同席が必要な場合もあります。その場合でも，あまり人数が多いと保護者に圧迫感を与えてしまいます。事前に相談して，2人くらいになるよう調整します。
- 保護者にも事前に同席するメンバーを伝えて確認します。また，面談に対する疑問や心配について話を聞いておきます。

◆記録は許可を得てから
- 面談中に記録をとりたい場合は，保護者の許可を得て，簡単なメモ程度にします。

◆生徒への配慮
- 面談の前に，保護者と会うことを事前に生徒に伝えます。そのときに，面談について気になること，話してほしくないことなども聞いておきます。
- 生徒本人が同席を希望する場合は，三者（生徒，保護者，教師）面談にするかどうかを検討して調整します。
- 生徒への配慮から，本人に確認を取らずに面談を行うこともあります。その場合も，教師と保護者との間で事前にそのことをきちんと確認しておきます。

◆守秘義務
- 面談の最後に，担任と保護者をはじめ，どの範囲に情報をとどめるかを確認します。生徒に伝えることも確認します。

面談の進め方

面談を始める前に，教師はまず保護者に対して，時間を調整して来校してくれたことをねぎらい，「いたわりの気持ち」を伝えます。保護者は不安や緊張から身構えてしまうことがあります。担任（学校）として，生徒を理解し，よりよい対応のために話を聞かせてほしいという姿勢で面談に臨みます。

ポイント2　面談の三つのプロセス

はじめに	・面談までの経緯と面談の目的を伝えます。面談中いつでも，どのようなことでも質問や意見を述べてよいことを伝えます。 ・教師が面談を設定した場合，保護者が示す不安や緊張の高さに対しては，十分配慮しながら面談を進めることが大事です。 ・（終了時間など）見通しを伝えます。 ・面談で話された情報の保護について基本的な姿勢を説明します。
展開	◆**保護者から話を聞く** ・どちらから面談を設定した場合でも，保護者の思いを聞くことから始めます。 ・保護者の気持ちに寄り添いながら，じっくり話を聞きます。 ・語られた内容が曖昧なときは，事実関係を確認しながら，その背景にある保護者の気持ちや感情を理解することが大切です。 ◆**教師から話をする** ・伝える内容を前もってわかりやすく整理しておきます。 ・面談中に保護者が教師の話をどのように受け止めたのかを尋ね，保護者の考えや気持ちを聞くようにします。 ◆**生徒の様子を伝える** ・中学・高校生となった子どもの様子を保護者がよく知らないという場合，面談の内容に合わせて学校での姿を具体的に伝えます。面談の目的に合う姿にとどめて，あまり多くを語ったり多岐にわたらないように注意します。 ◆**学校での生徒の様子を何ができそうかを一緒に考える** ・保護者から要望がある場合，具体的に何ができそうかを一緒に考えて，実行可能な手立てを提案します。むずかしい内容や質問にはすぐに答えを出そうとはしないで，一緒に考える関係づくりに努め，「学年でも相談してみます」とつなげます。
まとめ	・面談で話し合ったこと，また今後の対応の方針を確認します。面談を行った感想を保護者に聞きます。

ねぎらう　「学校までわざわざありがとうございます」

話を聞く
① 相手を見る（ただしじっと見つめない）
② あいづちを打つ
③ 終わりまで話を聞く

確認する　「Aくんにはこれから──していきましょう」

4 保護者との連携と対応
専門機関との連携

専門機関と連携をとる場合

学習上・行動上のつまずきがある生徒の中には，幼少期から地域の保健センター，医療機関，相談機関などで支援を受けている場合があります。指導や援助に取り組む上で，学校が担当医師や相談員などと連絡をとり，生徒の特性や配慮すべき点を聞くことは重要です。すでに申し送りがある場合でも，それらの機関と連携をとることが必要です。

ポイント1 専門機関との連携までの手順

① 校内委員会での話し合い
（教頭，養護教諭，特別支援コーディネーター，学年主任，担任）
「病院と協力していきたいと…」

② 保護者と生徒の了解を得る
生徒「わかりました」
保護者「よろしくお願いします」
「連絡をとりたいのですが，いかがでしょうか」

③ 専門機関への連絡
医師
「本校の生徒について一度相談したいのですが…」

◆**校内委員会で話し合う**
・生徒の実態把握をして専門機関と連携をとる目的を確認し，情報交換の内容について話し合います。

◆**保護者・生徒の了解が必要**
・専門機関との連携は，学校と保護者また生徒との信頼関係の上に成立します。
・保護者と生徒のことを率直に話し合う関係を築きながら，連携をとることの意義を伝えて了解を得ます。
・生徒とも話し合う関係を築きながら，連携をとることの目的と意義をていねいに伝えます。生徒からの疑問や不安など話をよく聞いて対応し，了解を得ます。

◆**例外の場合**
・虐待などが疑われる場合，保護者には知らせず，関係諸機関と連携をとりながら慎重な対応が求められます。

◆**保護者からの要請がある場合**
・保護者から専門機関と連携をとってほしいと言われる場合もあります。保護者の思いや期待を確かめたうえで対応します。
・生徒には伝えない場合もあります。

◆**連携をとるときに**
・専門機関への連絡方法には，電話やメール，手紙や訪問などがあります。
・保護者の了解を得ていることを伝えます。
・事前に相談の内容をまとめておきます。

保護者へ専門機関を紹介する場合

中学・高校で受診を勧める場合，教師はまず保護者がどのようにわが子を理解しているかを把握することが重要です。子育てで何か困っていることはないか，具体的に聞きます。また専門機関を勧められたことがあるか，経緯をていねいに聞きます。受診の必要があると判断した場合は，専門機関を利用することの意義を説明し，保護者の疑問に対応します。

ポイント2 有効な情報を集めておく

特別支援教育関係の専門機関

●公的機関	
児童相談所	全国の都道府県，政令指定都市にあって学校との連携も密
教育センター・教育相談センター	教育委員会が設置。地域密着のサポートが期待できる
発達障害者支援センター	早期発見から重量まで，本人と家族の生活をサポートする
大学附属教育センター	研究や学生教育を主な目的とするが，相談・検査も受けられる
通級制の特別支援教室	通常学級に在籍したままで，個別指導やSSTが受けられる
地域の特別支援学級	少人数で，その子どもにあったペースの教育が受けられる
地域の特別支援学校	センター校として発達障害のある生徒の相談を行っている
保健所	医師や保健師が常駐しており，発達・発育に関する相談ができる
区市町村などの専門家チーム	教育・心理・医療の専門家が地域の学校を巡回指導する
●民間機関　障害種別にさまざまな組織があり，HPなどで探せる。検査や指導は有料	
●医療機関　専門医は少ないのが現状。薬の処方を受けるには医師の診断が必要となる	

参考文献：片桐力「特別支援教育関係の組織・機関」，國分康孝ほか監修『教師のコミュニケーション事典』図書文化，2005

◆**保護者の状態を見極める**
・専門機関を紹介した場合，保護者は学校に「見放された」「特別視された」という思いを抱きがちです。教師は生徒が困っているので，学習面や行動面の困難の背景を理解して支援の手立てを得たいという姿勢で臨むことが大切です。
・保護者がこれまでに専門機関を受診したが中断したという場合，どのような支障があったのかを確認することが必要です。ていねいに話を聞いて専門機関の利用に向けて仕切り直します。
・医療機関の受診に抵抗がある場合は，教育相談機関を勧めます。保護者だけでも相談が受けられるので，まずは話をゆっくり聞いて対応してもらえることを伝えて不安を取り除きます。

◆**専門機関の情報をもつ**
・地域の専門機関について，なるべく最新の情報を提示できるように，情報を整理・共有しておくことが必要です。
・保護者からの要望に応じて，案内のコピーを渡せるとよいでしょう。

◆**紹介した後のフォローをする**
・専門機関に紹介した後のフォローも大事なかかわりです。保護者から何も報告がない場合は，折を見て教師から尋ねるようにします。何か支障があれば，必要に応じて保護者への配慮すべき点を考えて対応します。

4 保護者との連携と対応
保護者との接し方の基本

電話による連絡で配慮すること

保護者と電話で連絡をとるのは，基本的には「緊急対応」であり，「応急処置」です。保護者からの電話に対応する場合は，話の内容を確認しながら，保護者からのニーズを理解するように努めます。学校から連絡する場合，保護者を驚かさないように事前に内容を整理し，電話を受けた保護者がどのように反応するかを予測することが大事です。

ポイント1 まず安心感がもてるように

保護者からの連絡

見通しを伝える
「11時から授業なのでそれまでお話できます」

話を広げすぎない
「その件については，今度お話するとして，けがのことですが…」

教師からの連絡

伝えたいことを整理する
「今日はAさんがすばらしい活躍をしたので一言お知らせしたくって…」

いろいろな方法で
「修学旅行のお知らせを本日配りました ○日が申し込みの締切です」

◆ 電話から，面談へ
・保護者が強く困っている場合は，直接会って話すことを提案します。すぐに応じなくても，このようなやりとりを積み重ねることで面談への抵抗を減らし，必要に応じてスクールカウンセラーにつなぐようにします。

◆ 頻繁な電話への対応
・子どもに対する心配な気持ちが強い，あるいは学校に対する不満が多い保護者の場合，毎日のように電話をかけてくることがあります。教師は時間的な制約に留意する必要があります。話が長くなると予想される場合は，時間的な見通しを伝えて話を聞くようにします。

・電話では，生徒について話を聞くことにします。内容が広がり過ぎる場合は，面談に来てもらいます。場合によってはスクールカウンセラーにも相談することを提案します。

◆ 連絡方法を取り決める
・中学・高校生の保護者に対して，教師が連絡してもなかなかつながらないことがあります。年度当初に，例えば，お知らせが届いているか確認する場合はどうするかなど，どのような場合にどの方法（電話，メールなど）をとるか，保護者との間で具体的に取り決めておくとよいでしょう。

保護者への配慮が必要な「教師の一言」

教師の立場から率直に伝えた一言が、保護者の不安やストレスを高めてしまうことがあります。生徒のためによかれと思って伝えた一言でも、保護者への配慮が足りないと、こちらの意図が伝わらず、信頼関係を損なうことになりかねません。次の例は、保護者を不安にさせる一言です。

ポイント2 保護者を不安にさせる一言の例

①面談で

「お子さんのことをもっとよく見てあげてください」

曖昧な表現ではなく、具体的に伝えていくことが必要です。例えばPDD傾向の生徒は「一人でいたい」という場合も多く、人とのつき合い方も、その子を尊重して対応することが必要です。ADHD傾向の生徒は注意がよく移り変わるので、じっくり関係を築きにくい場合もあります。LD傾向がある場合は、保護者が直接学習にかかわるのはむずかしく、学習について追い詰めてしまう場合もあります。

②面談で

「このままだとお子さんは困ります」（そんな…）

保護者が、これまで、わかりにくさ、やりにくさ、育てにくさを多かれ少なかれ感じながら生徒を育ててきていることを十分認識して、保護者との関係を築くことが大事です。将来に向けて何がどう困るかを、生徒の困っている気持ちにそって具体的に伝えると保護者の理解や協力を得やすいでしょう。

③電話で

「もうどうしたらよいかわからないので専門家に聞いてください」

学校から「突然、言われた」あるいは「見放された」などと感じることがないように、保護者とよく話し合い、時間をかけて生徒の特性について、理解を深めていくことが大切です。時には、生徒の特性についてのわかりにくさを、教師と保護者との間で、共有することが求められます。

④保護者会で

「特別扱いはできません」／「うちの子には課題の量が多すぎて…」

学級で配慮できることには限界がありますが、小さな取り組みでもできるところから支援を続けていくことは、学校でその生徒の困っている気持ちを軽減することになります。

4 保護者との連携と対応
迷ったときの対応のヒント①

学習や行動の困難を伝えるとき

わが子についてどのように理解しているか、保護者からの話をじっくり聴くことから始めます。信頼関係をていねいに築きながら、生徒の長所や教師が認めているところを伝えるだけでなく、その生徒の特性ならびに学習や行動上の困難や課題について共通理解を図るように努めます。

ポイント1　信頼関係づくりのために留意すること

○	×
「Aさんはレポートを思うように書けなくて困っているようです」／「え、そうなんですか」	「Aさんは書くのにとても時間がかかってどの教科も提出しないので困ります」／「家で叱れということかしら…」

◆**保護者の見方を理解する**
・保護者のわが子に対する見方が固定している、あるいは過小・過大評価していると感じることがありますが、保護者の見方は、それまでの親子関係を投影するものです。どのような見方をしているかで話の方向を修正していきます。
・教師は保護者の見方に、ときには共感的な理解を示しながら、生徒の等身大の姿を伝え、理解してもらうようにします。

◆**生徒の困っている気持ちにそって伝える**
・生徒が困っていることを具体的に伝えます。
・学習や行動の困難の背景について、教師が気づいていることも含めて、生徒の状況をわかりやすく伝えます。
・保護者がその困難に気づいている場合、いつ頃からどのように認識しているかを尋ね、今後の対応や支援に保護者の協力が得られそうかを把握します。

◆**生徒自身は困っていない場合**
・将来、生徒がこんなことに困るかもしれないという予想として保護者に伝えることが大事です。周りの生徒が困っていると伝えられた場合、保護者は周囲との関係の問題と誤解して受け取り、生徒自身の問題として理解することがむずかしくなります。

◆**つまずきや困難への対応**
・学習や行動の困難に対して、生徒が今後どう取り組めばよいか、学校でどのように対応しているか、効果のあった支援や今後の見通しを具体的に伝えます。
・中学・高校生の場合、学習や行動のつまずきに対して生徒が取り組んだ結果だけを評価するのはむずかしいものです。態度や意欲なども含めて、取り組んだプロセスをていねいに認めることが必要であると伝えます。

生徒の姿に，学校と家とで違いがみられるとき

発達障害がある生徒は，幼いときより学校と家とで見せる姿が違うといわれます。中学生になると，さらに生徒の姿に違いがみられるようになる場合もあります。教師も保護者も，自分の見ている姿がすべて正しいと思うと頭を悩ますことになり，対応を誤ります。教師は「どちらも生徒の姿！」と受け入れ，保護者からていねいに話を聞くようにします。

ポイント 2　どちらもその生徒の姿

◆**周りの状況に影響を受けやすい**

・学校では周囲の刺激が多すぎるためにやむなくとっている行動が，家ではほとんどみられないことがあります。また，進級による変化の影響も受けやすい傾向がみられます。さらに，思春期は心理的に不安定になりやすいため，それまでは気にしなかった音や視線などを気にするようになることもあります。

・同じ教科でも授業態度が異なる場合もあります。例えば，見通しがもてる授業だと落ち着いて参加できるのですが，初めての学習内容で興味がもてないと落ち着きがなくなり，授業に参加できないことがあります。

・生徒が影響を受けやすい周りの状況や要因について整理しておくことが必要です。

・家庭での様子をていねいに聞いて，学校での様子と対比し，理解するように努めます。家での対応の仕方から，学校での対応のヒントが得られるかもしれません。

◆**違いの意味するもの**

・保護者の多くは，わが子に抱く「こうあってほしい」というイメージと，実際の姿に折り合いをつけて，わが子を理解し受け入れます。ところが，発達障害のある生徒は，しばしば予測とは異なる行動をとることがあり，思春期のわかりにくさが重なって，保護者はその変化に翻弄されることになります。

・教師は，育てにくさを抱えながらここまで育ててきた保護者に対して敬意を示し，気持ちに寄り添って話を聞く過程で，違いの意味するものが何か，じっくり見極めていくことが大切です。

4 保護者との連携と対応

迷ったときの対応のヒント②

保護者と生徒の問題を共有することがむずかしいとき

「教師の話を理解していない」「休み時間にいつも一人でいる」など,生徒の気になる様子を保護者に伝えても,反応がほとんど返ってこないことがあります。保護者に対して「子どものことをよく見てほしい」と思いますが,保護者を責めても効果はありません。なぜ子どもの問題を共有することがむずかしいのか,その背景を考える必要があります。

ポイント 3 保護者を責めない担任の姿勢

◆心配を共有しにくい背景
- 生徒に学習や行動の困難があっても,家庭的・経済的な理由で教師と面談する時間が十分とれないため,問題を共有しにくいことがあります。また,保護者のパーソナリティや家族環境,これまでの学校との関係などからむずかしいこともあります。
- 中学・高校生になり,「子どもの姿がよくわからない」という保護者のとまどいが,問題の共有をむずかしくすることもあります。

（そう言われてもなかなか仕事で学校へ行けないんです）

◆保護者の態度をありのまま認める
- 子どものつまずきを受容していく過程で,保護者は否認,怒り,抑うつといった心理状態をたどるといわれています。受け止め方のペースは一人一人異なります。
- 教師は子どもに対する保護者の態度をありのまま認めて,その背景にある保護者の不安や心配などの複雑な気持ちに寄り添って理解に努めることが大事です。
- 保護者が拒否的・無関心などの場合,まず生徒と信頼関係を築くことをめざします。保護者へのアプローチは時間をかけて取り組み,教師が抱え込みすぎないように特別支援コーディネーターやスクールカウンセラーの支援を得るとよいでしょう。

（まずはお母さんとの信頼関係！／生徒のいいところを伝えていこう）

◆生徒と保護者を支える体制づくり
- 中学・高校生であっても,保護者に認めてほしい生徒の成長の様子などを直接話したり,手紙やメールなどで具体的に伝えるようにします。時間はかかっても,教師は生徒を見守っているという姿勢を伝えることをめざします。
- 生徒の対応について教師間で共通理解を図り,申し送りをていねいに行うなど,学校全体で生徒と保護者を支える体制を整えることは,教師が保護者との信頼関係を築くうえで大事な取組みとなります。

（学校での様子を知らせてくれてありがたいわ／あの子,何も言わないから…）

登校しぶりが始まったとき

中学・高校生になって、突然、学校への行きしぶりが始まることがあります。それまでの学校生活で指導上問題もない生徒の場合、保護者が動揺するのはあたりまえのことです。「登校しぶり」は怠けやわがままというより、「もう無理！」「いまは疲れた！」というSOSのサインであり、その生徒なりの必然があって起きたと理解することが重要です。

ポイント4 「登校しぶり」はSOSのサイン

SOSのサインの例

ADHD傾向の生徒の場合	LD傾向の生徒の場合	PDD傾向の生徒の場合
例1）友達から注意されてカッとなり、相手にやり返した。その後、クラスの仲間から敬遠されるようになり、学校へ行きにくくなった。	例1）試験が終わって、思うように点数がとれなかった。もう学校へ行きたくない。	例1）委員を引き受けたけれど、みんなが話を聞いてくれない。朝になると、お腹の具合が悪くなる。
例2）授業中の態度について教師から繰り返し注意を受けている。学校が嫌になって遅刻が増えた。	例2）夏休みの宿題が終わってないから、学校へ行きたくない。	例2）親に勧められて部活に入ったが、先輩に注意されてから登校をしぶる。
	例3）明日から試験だけど、勉強しても自信ないし、受けたくない。	例3）学習発表会でクラス展示の準備を任されたが、思うように進まない。友達に手伝いを頼めず、突然、学校を休み始めた。

SOSサインへの対応

◆保護者の気持ちに寄り添う
・教師はまず、保護者の不安、焦り、怒りなどの気持ちをじっくりと聞きます。

◆心のエネルギーの回復をめざす
・「登校しぶり」の初期対応で大事なのは、生徒の心のエネルギーの回復です。
・保護者には、生徒の疲労感や困っている気持ちに寄り添って、声かけすることを勧めます。
　「授業中、先生の話をじっと座って聞いているのは大変だと思います」
　「勉強ができないのは、努力不足ではなくて、別のやり方を探すことが必要なのかもしれません」
　「学校へ行きにくいのはさぼりたいからではなく、がんばりすぎだからだと思います。
　　まず体を休ませましょう」

◆どんなSOSなのかを理解する
・「登校しぶり」の背景にある生徒の学習や行動の困難について、教師と保護者で共通理解を図ります。登校しやすくするためにできそうなこと（例えば、家庭訪問など）を話し合います。

執筆者紹介（五十音順）

阿部　智子 あべ・ともこ	都立八王子盲学校教諭 P 18〜19，P 25	
市川　宏伸 いちかわ・ひろのぶ	都立小児総合センター顧問 P 50〜57	
井上　芳郎 いのうえ・よしろう	高校教諭，障害者放送協議会専門委員 P 134〜145，146	
岡田　智 おかだ・さとし	北海道大学准教授 P 102〜113	
岡田　佳子 おかだ・よしこ	芝浦工業大学准教授 P 86〜93	
菊池　けい子 きくち・けいこ	旭出学園教育研究所研究員 P 178〜189	
北出　勝也 きたで・かつや	視機能トレーニングセンター JoyVision 代表 P 114〜123	
小池　敏英 こいけ・としひで	東京学芸大学教授 P 12〜17，20〜24	
品川　裕香 しながわ・ゆか	教育ジャーナリスト P 34〜43	
髙橋　あつ子 たかはし・あつこ	早稲田大学准教授 P 94〜101	
高山　恵子 たかやま・けいこ	NPO 法人えじそんくらぶ代表，玉川大学大学院講師 P 46〜49，58〜61	
月森　久江 つきもり・ひさえ	杉並区立済美教育センター指導教授 P 64〜73，124〜133，158〜169	
中田　洋二郎 なかた・ようじろう	立正大学教授 P 170〜177	
中根　晃 なかね・あきら	元横浜市西部地域医療センター児童精神科医師 P 10〜11，44〜45，62〜63	
成川　敦子 なるかわ・あつこ	東村山市立東村山第二中学校教諭特別支援学級担当 P 26〜33	
野村　美佐子 のむら・みさこ	公益財団法人日本障害者リハビリテーションセンター協会 情報センター長 P 74	
バーンズ亀山静子 ばーんず・かめやま・しずこ	ニューヨーク州スクールサイコロジスト P 148〜157	
本田　恵子 ほんだ・けいこ	早稲田大学教授 P 76〜85	

2012年 6 月現在

編者紹介

月森 久江 つきもり・ひさえ

東京都杉並区立済美教育センター指導教授。早稲田大学大学院教職研究科非常勤講師を兼任。元杉並区立中瀬中学校通級指導学級担当。日本女子体育大学体育学部卒業。公立中学校（通常）で保健体育科の教師として教鞭をとる傍ら，教育相談（都研上級スクールカウンセラー研修修了）やLD（学習障害）についての研修や研究を重ねてきた。日本LD学会認定の特別支援教育士スーパーバイザー，日本教育カウンセラー協会認定上級教育カウンセラー，ガイダンスカウンセラー。文部科学省「小・中学校におけるLD・ADHD・高機能自閉症への教育支援体制の整備のためのガイドライン（試案）」策定協力者として特別支援教育コーディネーター部門担当リーダーを務める。第40回博報賞特別支援教育部門の個人賞，ならびに文部科学大臣奨励賞受賞。

おもな著書に，『教室でできる特別支援教育のアイデア172小学校編』『同　Part2小学校編』『同　中学校編』（編）図書文化，『LD・ADHDの子どもを育てる本』『発達障害がある子どもを育てる本中学生編』『発達障害がある子どもの進路選択ハンドブック』（監）講談社，『発達障害がある子へのサポート実例集』（共著）ナツメ社，ほか多数。

シリーズ　教室で行う特別支援教育7
教室でできる
特別支援教育のアイデア 中学校・高等学校編

2012年7月20日　初版第1刷発行［検印省略］
2024年4月20日　初版第9刷発行

編集者　月森久江Ⓒ
発行人　則岡秀卓
発行所　株式会社　図書文化社
　　　　〒112-0012　東京都文京区大塚1-4-15
　　　　TEL 03-3943-2511　FAX 03-3943-2519
　　　　http://www.toshobunka.co.jp/
カバーデザイン　本永惠子デザイン室
イラスト　松永えりか（フェニックス）
ＤＴＰ　株式会社　オルツ
印刷所　株式会社　厚徳社
製本所　株式会社　厚徳社

JCOPY ＜出版者著作権管理機構　委託出版物＞
本書の無断複写は著作権法上での例外を除き禁じられています。
複写される場合は，そのつど事前に，出版者著作権管理機構
（電話 03-5244-5088，FAX 03-5244-5089，e-mail: info@jcopy.or.jp）
の許諾を得てください。

乱丁・落丁本の場合はお取り替えいたします。
定価はカバーに表示してあります。
ISBN978-4-8100-2613-9　C3337

シリーズ 教室で行う特別支援教育

個に応じた支援が必要な子どもたちの成長をたすけ，学校生活を楽しくする方法。
しかも，周りの子どもたちの学校生活も豊かになる方法。
シリーズ「**教室で行う特別支援教育**」は，そんな特別支援教育を提案していきます。

ここがポイント 学級担任の特別支援教育

通常学級での特別支援教育では，個別指導と一斉指導の両立が難しい。担任にできる学級経営の工夫と，学校体制の充実について述べる。

河村茂雄 編著　　B5判　本体2,200円

応用行動分析で特別支援教育が変わる

子どもの問題行動を減らすにはどうしたらよいか。一人一人の実態から具体的対応策をみつけるための方程式。学校現場に最適な支援の枠組み。

山本淳一・池田聡子 著　　B5判　本体2,400円

教室でできる 特別支援教育のアイデア 〔小学校編〕〔小学校編 Part2〕

通常学級の中でできるLD，ADHD，高機能自閉症などをもつ子どもへの支援。知りたい情報がすぐ手に取れ，イラストで支援の方法が一目で分かる。

月森久江 編集　　B5判　本体各2,400円

教室でできる 特別支援教育のアイデア 〔中学校編〕〔中学校・高等学校編〕

中学校編では，授業でできる指導の工夫を教科別に収録。中学校・高等学校編では，より大人に近づいた生徒のために，就職や進学に役立つ支援を充実させました。

月森久江 編集　　B5判　本体各2,600円

通級指導教室と特別支援教室の指導のアイデア 〔小学校編〕

子どものつまずきに応じた学習指導と自立活動のアイデア。アセスメントと指導がセットだから，子どものどこを見て，何をすればよいか分かりやすい。

月森久江 編著　　B5判　本体2,400円

遊び活用型読み書き支援プログラム

ひらがな，漢字，説明文や物語文の読解まで，読み書きの基礎を網羅。楽しく集団で学習できる45の指導案。100枚以上の教材と学習支援ソフトがダウンロード可能。

小池敏英・雲井未歓 編著　　B5判　本体2,800円

人気の「ビジョントレーニング」関連書

学習や運動に困難を抱える子の個別指導に
学ぶことが大好きになるビジョントレーニング
北出勝也 著
Part 1　　B5判　本体2,400円
Part 2　　B5判　本体2,400円

クラスみんなで行うためのノウハウと実践例
クラスで楽しくビジョントレーニング
北出勝也 編著　　B5判　本体2,200円

K-ABCによる認知処理様式を生かした指導方略

長所活用型指導で子どもが変わる
藤田和弘 ほか編著

正編 特別支援学級・特別支援学校用　B5判　本体2,500円
Part 2 小学校 個別指導用　B5判　本体2,200円
Part 3 小学校中学年以上・中学校用　B5判　本体2,400円
Part 4 幼稚園・保育園・こども園用　B5判　本体2,400円
Part 5 思春期・青年期用　B5判　本体2,800円

図書文化

※本体価格には別途消費税がかかります